HEYNE
BÜCHER

DER AUTOR

Kai Jessen, Jahrgang 1965, wollte eigentlich Schauspieler werden, wandte sich dann aber nach einer kurzen Model-Karriere dem Schreiben zu und ist heute als international bekannter Musikjournalist tätig. Wenn er nicht gerade in Amerika oder England recherchiert, lebt er mit seiner Freundin, der Pop-Autorin Lena von Rath, in Berlin.

Im Wilhelm Heyne Verlag erschienen Kai Jessens Pop-Biographien »Mariah Carey – You've Got Me Feeling Emotions« (01/10088) und »Oasis – Behind the Wonderwall« (01/10069) sowie folgende Pop-Romane seiner Freundin Lena von Rath: »Back for you, Julia – Der Roman für alle Fans von Take That« (01/11004) und »You're the One for Me – Der Roman für alle Fans der Backstreet Boys« (01/11002).

Kai Jessen

Janet Jackson

Originalausgabe

WILHELM HEYNE VERLAG
MÜNCHEN

HEYNE ALLGEMEINE REIHE
Nr. 01/10009

Umwelthinweis:

Das Buch wurde auf chlor- und säurefreiem Papier gedruckt.

Redaktion: Julia Bauer

Printed in Germany 1997
Umschlagillustration:
Vorderseite: Fotex/Target, Hamburg
Rückseite: teutopress, Bielefeld
Umschlaggestaltung: Atelier Ingrid Schütz, München
Herstellung: H + G Lidl, München
Satz: Fotosatz Völkl, Puchheim
Druck und Bindung: Pressedruck Augsburg

ISBN 3-453-11602-X

»Get the Message? Good, now let's dance!«

Inhalt

Mehr als 100 Millionen Dollar Privatvermögen, mehr als 30 Millionen verkaufter Platten, eine schöne Villa direkt am Pazifikstrand …

Janet Jackson hat eine steile Karriere hinter sich – und den Kopf noch voller Pläne. Sie kann stolz sein auf das, was sie geschafft hat: Sie hat sich gegen ihren dominanten Vater durchgesetzt, ihrem berühmten Bruder ordentlich Konkurrenz gemacht, und sie engagiert sich seit Jahren gegen Rassismus, für die Rechte von Frauen und dafür, den Schwächeren zu helfen.

Was ist das für eine erstaunliche Frau, die schon als Dreijährige aus der amerikanischen Provinz nach Los Angeles kam, mit sieben ihren ersten öffentlichen Auftritt absolvierte und sich vom TV-Kinderstar zur international renommierten Galionsfigur des modernen Dance-Pop entwickelt hat?

Um die Geschichte von Janet Jackson zu erzählen, müssen wir weit in die Vergangenheit zurückgehen. Und eigentlich beginnt Janets Geschichte nicht einmal mit ihr selbst – sondern mit den unerfüllten Träumen eines Gitarristen, der seine vielköpfige Familie nur als Baggerführer finanziell über Wasser halten konnte. Damals, in Gary/Indiana …

WIE ALLES ANFING

Frühe Jahre in Gary

Joe Jackson hatte einen Traum: Er war einigermaßen begabt als Gitarrist, nahm sich reichlich Zeit für die Proben mit seiner Band und verfolgte verbissen sein großes Ziel, es als Profimusiker zu etwas zu bringen.

Damit war er eigentlich zur richtigen Zeit am richtigen Ort. Damals, in den 50er Jahren, herrschte Aufbruchstimmung in Amerikas Musikszene. Der Rock'n'Roll trat seinen Siegeszug an, und schon ein paar Jahre zuvor hatten die amerikanischen Jugendlichen begonnen, sich für Rhythm & Blues, Blues und Soul zu begeistern, jene Musikrichtungen, die großen Einfluß auf die Entstehung des Rock'n'Roll hatten.

Rhythm & Blues, Blues und Soul – das waren schon damals Spielarten der »black music«, wie Musik von dunkelhäutigen Amerikanern etikettiert wurde (und teilweise noch heute wird). Dementsprechend stammten die wichtigsten musikalischen Einflüsse der 50er Jahre von farbigen Amerikanern. Joe Jackson, selbst ein Schwarzer, war davon natürlich begeistert – aber vielen konservativen Weißen war der Umstand ein Dorn im Auge. Mit der Country-Musik, die damals ebenfalls einen Aufschwung erlebte, konnten sie ein kleines Gegengewicht setzen, doch hatte Country unter den jüngeren Amerikanern schon damals einen ziemlich schweren Stand gegen Soul oder Rhythm & Blues.

Letztendlich fanden die von Weißen dominierten US-Plattenfirmen doch noch die ideale Lösung für ihr Problem: Sie beschlossen, das Potential der farbigen Konkurrenz einfach für sich zu nutzen und damit von der

Entwicklung, die ihnen anfangs noch angst gemacht hatte, im großen Stil zu profitieren. Der Weg dahin war meistens derselbe: Sobald ein dunkelhäutiger Sänger oder eine farbige Band mit einem erfolgversprechenden Song einen kleinen Hit gelandet hatte, wurden die Musiker mit dem Angebot geködert, ihre Komposition gegen Honorar einem weißen Produzenten zur Verfügung zu stellen, der den Song dann noch einmal mit weißen Musikern und weißen Sängern aufnahm und schließlich in die Hitparaden führte.

Den meisten Farbigen blieb nicht viel anderes übrig, als diese Angebote anzunehmen – schließlich war die Musikindustrie fest in weißer Hand. Und so verdiente bald eine ganze Branche ihr Geld damit, daß sie das Talent von farbigen Musikern nutzte, um mit eilends eingespielten Cover-Versionen durch ihre weißen Schützlinge die amerikanischen Charts zu stürmen. Die Kehrseite der Medaille: Viele begabte farbige Amerikaner fristeten lange Zeit ein Leben als Musiker in der zweiten Reihe, während die weißen Kollegen den Ruhm für ihre Songs einheimsten.

Dennoch fanden sich überall in den Vereinigten Staaten eingeschworene und schnell wachsende Fanzirkel zusammen, die Pop und Soul und Rhythm & Blues lieber von den Originalen hören wollten – und so bildete sich allmählich eine farbige Gegenkultur zum weißen Establishment der Musikindustrie. Innerhalb dieser Gegenkultur zählten Bands wie die Falcons aus Detroit zu den erfolgreichsten Gruppen. Diese Truppe um Sänger und Songwriter Eddie Floyd galt in der Millionenstadt am Detroit River bald als heißer Tip für einen durchtanzten Abend – und mit der Single »You're So Fine« schaffte die Gruppe im Juni 1959 sogar den Sprung in die amerikanischen Charts: Bis auf Platz 17 kletterte der eingängige Titel damals.

Als Gitarrist der Band hatte Joe Jackson einigen Anteil

am Erfolg. Doch dem ersten Top-20-Hit folgte zunächst kein weiterer – und im Hause Jackson wurde allmählich das Geld knapp. Als klar war, daß Joe als Musiker die schnell wachsende Familie nicht mehr durchbringen konnte, hängte er schweren Herzens die Gitarre an den Nagel und heuerte statt dessen als Kranführer beim Stahlkonzern US Steel an. Seine Frau verdiente halbtags als Verkäuferin noch ein paar Dollar dazu. Nun reichte das Geld einigermaßen, um der Familie das Nötigste für das tägliche Leben zu sichern. Doch mit dem festen Job bei US Steel hatte sich Joe leider auch die Möglichkeit genommen, sich mit Hilfe der Gitarre aus dem tristen Leben in einer recht öden Provinzstadt fortzuträumen – und das machte seine Laune nicht unbedingt besser!

Katherine und Joe Jackson lebten damals in Gary im US-Bundesstaat Indiana, nicht allzu weit von Detroit entfernt, und auch nach Chicago brauchte man mit dem Auto nur etwa eine Stunde. Allerdings waren für viele Einwohner von Gary die Straßen, die zu diesen beiden Großstädten führten, auch das mit Abstand Beste an diesem Kaff. Für Gary sprach aber auch die schöne Lage. Die Stadt im Norden der Vereinigten Staaten liegt am Südufer des riesigen Michigan-Sees. Von dort aus kann man sogar mit dem Boot nach Kanada fahren – allerdings mißt die Entfernung auf ganzer Länge durch den Michigan- und dann noch quer über den Huron-See mit knapp 700 Kilometern ein bißchen zuviel für eine Ruderpartie am Sonntagnachmittag. Für Ausflüge eigneten sich da schon eher Autofahrten ins Hinterland, wo fette Rinder auf sattgrünen Wiesen weideten und sich die buntbemalten, hölzernen Farmhäuser wie auf einem Postkartenidyll zwischen hohe Nadelbäume duckten.

Die Stadt selbst bot auch reichlich Grund, solche Ausflüge zu unternehmen – denn Gary war ein eher trist aussehender Flecken. Erst 1906 gegründet, stieg der Ort in den 50er Jahren zu einem Zentrum der amerikanischen Stahlindustrie auf. Heute hat Gary seine Blütezeit offenbar schon wieder hinter sich: Die Einwohnerzahl der Stadt sinkt rapide. Während die Statistik vor etwa 20 Jahren noch 152 000 Menschen in Gary auswies, ist inzwischen nur noch von knapp 120 000 Einwohnern die Rede. Damals aber wirkte die Stahlstadt im Nordwesten von Indiana auf Tausende im Umland wie ein Magnet. Immer mehr Menschen zogen dorthin und machten sich auf die Suche nach Jobs. Tatsächlich konnten die Stahlfirmen kräftige Arbeiter gut gebrauchen – und bald lebten die meisten Einwohner von der Arbeit in den Walzwerken und damit auch indirekt von der Autoindustrie, die das nahe Detroit zur »Motor City« oder »Motor Town« machte.

Auch Joe Jackson war da keine Ausnahme. In Gary wohnte er in der Jackson Street 2300 – wie passend – und hielt die immer zahlreicher werdenden Familienmitglieder trotz der harten Arbeit im Stahlwerk mehr schlecht als recht über Wasser. Immerhin: Mutter Katherine bewirkte mit dem Geld, das sie und ihr Mann nach Hause brachten, Erstaunliches. Die Jackson-Kinder mußten nicht hungern, sie hatten anständige Kleider anzuziehen und konnten im eigenen Haus zunächst einigermaßen sorgenfrei aufwachsen. Und die Mutter wachte wie eine Glucke darüber, daß das auch so blieb.

Was nicht so einfach war, denn die Stadt Gary hatte damals nicht gerade den besten Ruf. »Sin City« hieß sie für viele nur – und das hatte seinen Grund auch in der Struktur der Industriestadt. Denn die rauchenden Schornsteine der Stahlwerke lockten nicht nur fleißige Leute aus den umliegenden Dörfern an, sondern auch jede Menge undurchsichtiger Galgenvögel, die in der aufstrebenden Kleinstadt auf einen schnellen, leichtverdienten Dollar

Katherine und Joe Jackson, die Eltern der musikalischen Großfamilie.

hofften. Und die Gegend wimmelte von Typen, die sich vor der Zahlung von Alimenten oder anderen Schulden drückten und in den Straßen von Gary herumlungerten, in der meist sehr berechtigten Hoffnung, daß sie der Gerichtsvollzieher oder die verlassene Ehefrau hier schon nicht finden würden.

Mutter Katherine suchte ihre kleine Flucht aus dem tristen Alltag im Glauben: Sie war engagierte Anhängerin der Zeugen Jehovas (sie ist es noch heute) und machte die Regeln dieser ziemlich rigorosen Glaubensgemeinschaft auch zum Maßstab ihrer strengen und zugleich liebevollen Kindererziehung. Vater Joe dagegen war eher mit Vorsicht zu genießen. Seinen Kindern gegenüber verhielt er sich jähzornig und sehr streng – wahrscheinlich machte ihm noch die Frustration darüber zu schaffen, daß er für sie seinen Traum von der Musikerkarriere hatte aufgeben müssen. Janet erinnerte sich 1994: »Unser Vater konnte sehr einschüchternd sein. In der Familie herrschte Disziplin. Kein Zweifel. Aber niemals, niemals hat mein Vater übertrieben. Kindesmißhandlung hat es bei uns nicht gegeben.« Doch die Hosen schien der Vater nur nach außen hin anzuhaben, wie Janet verriet: »Mutter ist eine sehr starke Frau. Sie ist zweifellos stärker als mein Vater.«

Die Abende vertrieb sich die Großfamilie meistens »spielend« – im heimischen Wohnzimmer ging es bei Scrabble, Monopoly oder Kartenspielen manchmal hoch her. Und ab und an fand sich auch Gelegenheit zu Hausmusik-Versuchen. Doch da gingen die Geschmäcker mit der Zeit ein wenig auseinander. Während die Mutter ihren kräftigen Sopran gerne für Traditionals aus den Südstaaten bemühte, begeisterten sich vor allem die älteren Söhne bald mehr für aktuelle Musik aus den Charts.

Der kleine Tito bekam durch seine Vorliebe für Rhythm & Blues und Soul als erster Ärger mit dem Vater – und gab doch ausgerechnet damit den Anstoß für das Leben der Jackson-Kinder als Musiker. Eines Tages erwischte Joe Jackson seinen Sohn dabei, wie er heimlich auf Vaters sorgfältig aufbewahrter Gitarre spielte. Michael Jackson erinnerte sich später einmal: »Als er ihn erwischte, rastete er zunächst fast aus. Mein Vater wollte nicht, daß sich irgend jemand an seiner schönen Gitarre zu schaffen machte. Er war ganz vernarrt in das Instrument – für ihn war es wohl ein Erinnerungsstück an seine Zeit als Musiker. Erst schimpfte mein Vater also, dann bekam er irgendwie heraus, daß Tito schon seit einiger Zeit immer wieder heimlich auf der Gitarre gespielt hatte und das Ganze wohl einigermaßen ernst nahm. Da sagte er nur: ›Gut, dann laß mal hören, was du dir so beigebracht hast!‹ Und Tito legte los. Mein Vater war total perplex – er hörte sofort, daß Tito wirklich ungeheuer talentiert war. Und war nun plötzlich ebenso stolz auf ihn, wie er zuvor wütend auf ihn gewesen war.«

Die Großfamilie

Das Geburtsregister der Familie Jackson liest sich recht beeindruckend – in 16 Jahren schenkte Katherine neun Kindern das Leben:

- Maureen, genannt Rebbie (geboren am 29. Mai 1950)
- Sigmund Esco, genannt Jackie (geboren am 4. Mai 1951)
- Toriano Adaryll, genannt Tito (geboren am 15. Oktober 1953)
- Jermaine La Jaune, kurz Jermaine (geboren am 11. Dezember 1954)
- LaToya (geboren am 29. Mai 1956)
- Marlon David, kurz Marlon (geboren am 12. März 1957)
- Michael (geboren am 29. März 1958)
- Steven Randall, genannt Randy (geboren am 29. Oktober 1962)
- ... und eben Nesthäkchen Janet (geboren am 16. Mai 1966)

Vom beschaulichen, aber auch weitgehend perspektivlosen Leben der vergangenen Jahre war da schon nicht mehr viel übrig. Mit der Unterstützung von Vater Joe Jackson hatten sich Jackie, Tito und Jermaine 1963 mit ihren Cousins Johnny Jackson (Schlagzeug) und Ronnie Rancifer (Gitarre) zusammengetan und die Band The Jackson Family gegründet.

Die fünf Jungs probten eifrig, und bald absolvierten sie ihre ersten kleinen Auftritte in der Gegend von Gary. Die bescheidenen Anfangserfolge ermutigten die Nachwuchsmusiker – und als auch der Vater überzeugt war, daß sie durchaus das Zeug dazu hatten, es in der Musikszene zu etwas zu bringen, kümmerte er sich etwas intensiver um die Gruppe.

Die beiden Cousins mußten zurück ins zweite Glied, blieben der Band aber als Begleitmusiker treut. Statt dessen stießen nun auch die Jackson-Brüder Marlon und Michael zu der Formation – und der Name wurde auch gleich geändert:

The Jackson 5 hieß die Gruppe nun, und damit konnte kein Zweifel mehr daran bestehen, welche fünf Jacksons auf der Bühne (und welcher eine Jackson hinter den Kulissen) im Mittelpunkt stehen sollten.

Joe Jackson bemühte sich von nun an voller Einsatz und Geschick darum, seinen Kindern jene Karriere als Musiker zu ermöglichen, die ihm selbst verwehrt geblieben war – und er forderte auch von seinen Söhnen volles Engagement: Mehrere Stunden täglich wurden die fünf Jungs zu Hause »eingesperrt«, um wieder und wieder dieselben Tanzschritte einzustudieren, um wieder und wieder schwierige Songs zu proben oder an ihrem Satzgesang zu feilen. Dadurch brachten es die fünf Jacksons schnell zu beachtlichem Können. Eine Anekdote, die Joe Jackson später gerne erzählte, schrieb die »Entdeckung« der Jacksons indirekt auch dieser fleißigen Probenarbeit zu. Eine Nachbarin, so hieß es, sei eines Nachmittags zur Familie Jackson herübergekommen und habe sich vor Begeisterung gar nicht mehr halten können – »so entzückend« habe sie die Musik der Nachbarskinder gefunden. Und sie habe Vater Joe beschworen, er müsse die süßen Kleinen unbedingt dazu überreden, öffentlich mit ihrer tollen Show aufzutreten.

Ob wahre Geschichte oder sentimentale Flunkerei – Joe Jackson wäre darauf auch ohne begeisterte Nachbarin gekommen. 1965 nahmen die Jackson-Kinder an einem Nachwuchswettbewerb in Gary teil und sangen »My Girl«, einen Hit der Temptations. Das Publikum war ganz hingerissen von den Knirpsen, die da auf der Bühne an Instrumenten und Mikrofonen mit hörenswertem Gesang und wilden Tanzeinlagen ein richtiges kleines Live-Feuerwerk abbrannten. Mit diesem furiosen Auftritt in der Roosevelt High School gewannen sie die Ausscheidung souverän.

1966 – im Geburtsjahr von Janet – absolvierten ihre Brüder als die Jackson 5 schließlich ihr erstes richtiges Konzert. Der örtliche Nachtclub »Mr. Lucky's« hatte die fünf begabten Steppkes engagiert. Und als auch diese Feuertaufe ordentlich bestanden war, ging es richtig los: Vater Joe Jackson vereinbarte für seine Söhne zahlreiche Auftritte in der weiteren Umgebung, er trieb sie zu zusätzlichem Eifer bei den heimischen Proben an und fuhr Jackie, Tito, Jermaine, Marlon und Michael mit einem alten, klapprigen VW-Bus zu ihren Auftrittsorten.

Und so wuchs Janet in einer Familie auf, in der es völlig alltäglich und – zumindest für das kleine Mädchen – völlig selbstverständlich war, daß ständig Konzert- und allmählich auch Interview-Termine anstanden, daß selbst das Privatleben zunehmend unter den interessierten Augen der Öffentlichkeit stattfand und daß Kinder ihre Freizeit dafür nutzten, sich schon von klein auf für ihre eigene berufliche Zukunft abzuplagen und sich einer strengen Disziplin zu unterwerfen, die den Jackson-Nachwuchs allzu oft vom Spielen mit den Kindern aus der Nachbarschaft abhielt. Nur für den sonntäglichen Kirchgang mußte immer Zeit bleiben – vor dem versuchten sich dann aber wiederum die Jackson-Kinder zu drücken. Auch Janet versuchte mit allerlei Tricks, die Mutter aufs Glatteis zu führen, allerdings meist ohne großen Erfolg: »Als Kind habe ich nie eingesehen, daß ich am Sonntag so früh aufstehen sollte. Ich habe immer wieder versucht, meine Mutter zu täuschen, indem ich schnarchte, wenn sie ins Zimmer kam, um mich für den Gottesdienst zu wecken – doch darauf hat sie keine Rücksicht genommen.«

Noch etwas kamerascheu: Janet Jackson als Kind.

Der Rummel geht los

Davon abgesehen stand aber die Musik im Mittelpunkt des Familienlebens. Und bald begann die Karriere der kleinen Jacksons tatsächlich in Schwung zu kommen. Die Sängerin Gladys Knight, in deren Vorprogramm die Jackson 5 im Jahr 1967 auftraten, war so beeindruckt von ihren jungen Kollegen, daß sie kurz nach dem Konzert den Boß ihrer Plattenfirma Motown Records, Berry Gordy jr., anrief und ihm riet, diese talentierten Burschen möglichst schnell unter Vertrag zu nehmen.

Dieser Berry Gordy hatte einige Jahre zuvor, 1960, seine Plattenfirma gegründet und damit den afroamerikanischen Musikern endlich ein Podium für ihre Songs geboten. Gordy, der selbst zuvor für andere Firmen als Songwriter gearbeitet hatte, wollte mit der nach einem der Spitznamen seiner Heimatstadt Detroit (MOtor TOWN) benannten Firma das ungeheure Potential der Black-Music-Szene erschließen und den Farbigen in den USA eine Möglichkeit bieten, selbst die Lorbeeren für ihre Begabung zu ernten. Er selbst, der Sänger und spätere Motown-Star Smokey Robinson sowie schließlich auch das heute legendäre Autoren-Trio Brian Holland, Lamont Dozier und Eddie Holland komponierten die Songs – und eine ganze Armada ausgewählter Soulbands und Einzelinterpreten nahm sie für Singles und Langspielplatten auf. Die Motown-Produktionen überschwemmten bald den amerikanischen Markt. Mit seinem sehr typischen, von treibenden Schlagzeugbeats, völlig verhallten Gitarren, pumpendem Baß, eingängigen Melodien und astreinem Satzgesang geprägten Sound entwickelte sich Berry Gordys Motown-Label schnell zu einem der erfolgreichsten in Amerika. 1966 – da lag die Popwelt eigentlich noch in den letzten Zügen der Beatlemania – schaffte Motown sogar das Kunststück, stattliche 75 Prozent (!) aller in den US-Hitparaden vertretenen Platten zu stellen.

Von einem solchen Podium hatte Joe Jackson zu seiner Zeit als Gitarrist der Falcons nur träumen können – und er beabsichtigte durchaus, die gutgeölte Motown-Medien-Maschinerie für die Karriere seiner Kinder zu nutzen. Doch zuerst nahmen die Jackson 5 eine Single für die in Gary stationierte Mini-Firma Steeltown Label auf. Die Platte entpuppte sich als Flop, doch die Jacksons ließen nicht locker. Mit einem ihrer nächsten Auftritte überzeugten sie 1968 auch eine weitere Motown-Band, Bobby Taylor & The Vancouvers, von ihrem außergewöhnlichen Können – und erneut lag dem Labelchef Berry Gordy einer seiner Künstler wegen dieser bemerkenswerten Knirpse aus Gary in den Ohren.

Im Jahr darauf war es dann endlich soweit. Berry Gordy jr. war nach Gary gekommen, um sich ein Benefizkonzert anzuhören, das die Motown-Sängerin Diana Ross dort für den Wahlkampf von Garys Bürgermeister Richard Hatcher gab. Im Vorprogramm waren erneut die Jackson 5 zu sehen – und nun wußte Gordy, warum ihm seine Musiker so eindringlich von den fünf Jungs aus der Provinz vorgeschwärmt hatten. Diese Bengels-Band, da war sich der geschäftstüchtige Plattenproduzent absolut sicher, hatte das Zeug zum ganz großen Erfolg.

Mit musizierenden Kindern hatte Gordy ohnehin schon die besten Erfahrungen gemacht. 1960, im Jahr der Gründung von Motown, hatte er einen blinden Zehnjährigen aus Saginaw/Michigan unter Vertrag genommen. Er änderte dessen sperrigen Namen Steveland Judkins kurzerhand in Little Stevie Wonder und schaffte mit dem Jungen nach zwei Jahren mit der LP »Recorded Live – The 12 Year Old Genius« die erste von mehreren Nummer-eins-Plazierungen in den amerikanischen Charts. Und auch als er längst nicht mehr so little war, genoß Stevie Wonder weltweit einen glänzenden Ruf als genialer Musiker – das hat sich bis heute nicht geändert.

1969 jedenfalls – Stevie Wonder landete gerade mit der süßlichen Nummer »My Cherie Amour« ganz vorne in den Charts und Klein Janet feierte ihren dritten Geburtstag – nahm Gordy die Jackson-Brüder unter Vertrag und schickte sie auch gleich nach Los Angeles, wo er ihnen einen dichtgedrängten Terminplan für die Vorbereitung auf Plattenaufnahmen und Live-Auftritte verpaßte. Damit bescherte er der dreijährigen Janet auch ein neues Zuhause: Familie Jackson, längst mit Haut und Haaren auf die Karriere der fünf Söhne ausgerichtet, zog mit Jackie, Tito, Jermaine, Marlon und Michael nach Kalifornien. Dort, in L. A., residierte inzwischen auch Gordy mit seinem florierenden Motown-Imperium.

Und so hatte Janet mit ihren drei Jahren bereits den Sprung von der provinziellen und wenig idyllischen Industriestadt im hohen Norden der Vereinigten Staaten in die pulsierende Pop- und Film-Metropole Los Angeles geschafft, bevor sie noch recht über den Rand ihres Laufstalls hinausschauen konnte. Sie wuchs inmitten einer ungemein hektischen und vom Show-Glamour beherrschten Szene auf – und zugleich sorgte die natürliche (und für die Kinder oft anstrengende) Art ihrer Mutter Katherine dafür, daß sie trotz dieser Umstände nicht auf Wolke sieben schwebte. Janet mußte noch Jahre später lachen, wenn sie an die Kluft zwischen Image und Wirklichkeit zurückdachte. Denn während draußen vor der Tür allmählich die Gruppe der auf Autogramme wartenden Fans wuchs, gab's innerhalb des Hauses lästige Pflichten, die auch weniger prominente Kinder kennen. »Drinnen hieß es«, erinnerte sich Janet: »›Du kommst jetzt her und putzt den Flur. Das Geschirr muß gespült werden, der Müll muß vor die Tür –

Während ihre Brüder schon kräftig Karriere machten, gönnte sich Nesthäkchen Janet noch eine unbeschwerte Kindheit.

und keine Widerrede!‹ Wir mußten im Haushalt helfen, und ich erinnere mich daran, wie wir dabei Lieder erfanden, Melodien, Harmonien. Das hat uns zusammengehalten damals. Michael, Randy und ich gemeinsam in der Küche beim Saubermachen, und zu dritt haben wir dazu gesungen.«

Katherine kümmerte sich – soweit das der reichlich stressige Tagesplan überhaupt zuließ – nun noch mehr um ihre Kinder und versuchte noch eifriger, ihnen ein normales Heim voller Liebe und Geborgenheit zu bieten. Vater Joe ging währenddessen völlig in seiner selbstgestellten Aufgabe auf, die Jackson 5 zu Superstars der Popszene zu machen.

Alles, was er und seine Söhne anfaßten, schien zu Gold zu werden. Der erste Auftritt der Jackson 5 in Kalifornien wurde vor 350 geladenen Gästen zu einem kleinen Triumph – und das erste öffentliche Konzert im Hollywood Palace, im Vorprogramm von Diana Ross & The Supremes, machte die Jackson 5 auf Anhieb zu den Lieblingen der lokalen Szene. Und Ende des Jahres 1969 ließ sich Labelchef Berry Gordy auf eine riskante Wette ein: Seine neuen Schützlinge würden das Kunststück fertigbringen, mit ihren ersten drei Motown-Singles jeweils auf Platz eins der amerikanischen Hitparade zu kommen. Das hatte bis dahin noch niemand geschafft – und als Gordy launig ankündigte, daß er andernfalls einen Besen fressen würde, wünschten ihm die meisten der Insider insgeheim wohl schon einen guten Appetit. Aber Gordy behielt recht: Gleich mit der Debüt-Single »I Want You Back« eroberten die Jackson-Kinder im Januar 1970 die Spitzenposition, blieben dort vier Wochen lang und landeten mit der Platte einen Millionenerfolg. Im April folgte »ABC« auf Nummer eins, im Juni »The Love You Save« – die Sensation war perfekt.

»Keep it Together in the Family«

Andere große Musikerfamilien

Die Neville Brothers

In New Orleans gehört eine Familie bald schon zum Szene-Inventar, die in ihren Blütezeiten als Gegengewicht zu den Jacksons aus dem amerikanischen Norden gegolten hatte: die Neville Brothers Art, Aaron, Charles und Cyril, die sich in ihrer Heimatstadt mit einer brodelnden Mischung aus Soul, Cajun (sozusagen die folkloristische Tanzmusik des Mississippi-Deltas) und Rhythm & Blues schon während der 60er Jahre zu einem der heißesten Acts von Louisiana mauserten. Vor allem ihre Konzerte waren bald legendär: In schweißtreibender Atmosphäre boten die Gebrüder Neville den passenden Soundtrack zur seltsamen, aber für New Orleans typischen Mixtur aus überschäumender Lebenslust und mysteriöser Morbidität. In den Hitparaden hatten sie damals praktisch keine Chance. Wie die Jacksons waren sie von dunkler Hautfarbe – doch glichen sie sich auch in ihrem Auftreten kein bißchen den »weißen« Gepflogenheiten an. Erst sehr spät, in den 80er Jahren, wurden sie von vielen Kritikern gewissermaßen als erwachsene, ehrlichere Alternative zu den auf Hochglanz polierten Jacksons propagiert. Doch außerhalb ihrer Südstaaten-Heimat kamen sie nie an die Verkaufserfolge der Jackson-Familie heran. Heute glänzen sie nach wie vor mit hörenswerter Musik, die aber nicht so recht für ein breites Publikum geeignet scheint – und da macht auch Ivan Neville, der begabteste Vertreter der nächsten Neville-Generation, keine Ausnahme.

Die Kelly Family

Nach ersten Erfolgen Ende der 70er Jahre feierte die Kelly Family in den 90ern ein triumphales Comeback, das 1995 in Hits wie »An Angel« und »First Time« gipfelte. Hinter den Kulissen von Vater Dan betreut, gelten Paddy, Angelo, Maite, Barby, Jimmy, Joey, Kathy, John und Patricia heute als eine der größten Sensationen der europäischen Musikszene. Sogar im Vorprogramm der Hardrock-Band Aerosmiths überzeugten sie zigtausend Fans. Aerosmith Steven Tyler, der den Auftritt der Kellys von einer Nebenbühne aus fasziniert verfolgte, zählt inzwischen zu ihren prominentesten Fans – ebenso wie Jon Bon Jovi und Bruce Springsteen, der die Familie einmal sogar für ein Privatkonzert engagierte. Die Kellys leben auf zwei Booten in einem Rheinhafen am Kölner Stadtrand und arbeiten zur Zeit vor allem an ihrer Karriere in Großbritannien und anderen europäischen Ländern. Zuletzt kamen die Kellys durch angebliche Unregelmäßigkeiten im Zusammenhang mit einem von ihnen initiierten Hilfsfonds in die Schlagzeilen. Und doch scheint die Fortsetzung ihrer eindrucksvollen Karriere auch für die nächste Generation gesichert: Sean, der kleine Sohn von Kathy Kelly, steht während der Konzerte der Family bereits mit auf der Bühne und klampft auf seiner Kindergitarre fröhlich mit.

Die Osmonds

Sie waren sozusagen die Kelly Family der 70er Jahre: Die Osmond-Brüder aus Salt Lake City traten 1962 zum erstenmal öffentlich auf und wurden später zu einer der

Attraktionen des riesigen Vergnügungsparks Disneyland. Rund 20 Millionen Platten mit den Songs von Teenie-Idol Donny und seinen Brüdern Alan, Jay, Jimmy, Melvin und Merrill wurden verkauft, zu ihren größten Hits zählten die Ohrwürmer »Lonely Boy« oder »Puppy Grace«. Danach wurde es still um die Osmonds. Doch vielleicht steht der Familie aus Salt Lake City ein Comeback der besonderen Art bevor: 1991 veröffentlichten vier andere Osmonds ihre erste gemeinsame Platte: David, Douglas, Michael und Nathan sind vier der acht Söhne des einstigen Osmond-Stars Alan. Und möglicherweise wird sich die nächste Generation der Osmonds die Hitparaden der Zukunft mit Sean und den anderen Kellys seiner Generation teilen müssen.

Die Partridge Family

Diese Familie war so real wie die Öldynastie der Ewings (aus der TV-Serie »Dallas«) oder die Industriellenfamilie Carrington (aus dem »Denver-Clan«). Doch in den Augen der amerikanischen Jugendlichen war die Partridge Family Wirklichkeit – und nicht nur das Bindeglied einer ziemlich rührselig aufgezogenen Fernseh-Seifenoper. Und so veröffentlichte die Partridge Family von Oktober 1970 an »eigene« Platten, für die in Wirklichkeit angeheuerte Musiker ins Studio gingen und US-Popstars wie Neil Sedaka oder Bobby Hart die Songs schrieben. Immerhin: Der Leadsänger stammte aus der TV-Serie – Keith Partridge, von Teenager-Schwarm David Cassidy dargestellt. David konnte tatsächlich leidlich singen und führte die Partridge Family von Hit zu Hit. Bald wollte er allein die Lorbeeren ernten und konzentrierte sich mit einigem Erfolg auf seine Solo-Karriere. Und schließlich kamen doch noch reale Familienbande ins Spiel: Davids Bruder Shaun Cassidy konnte im Kielwasser seines berühmten Bruders auch den einen oder anderen Hit landen.

Die Trapp-Familie

Am tiefsten in der Vergangenheit stöbern muß man, um auf die beachtlichen Erfolge dieser Familie zu stoßen. In den 30er Jahren feierte dieses aus heutiger Sicht ziemlich skurrile Ensemble seine größten Triumphe. Eine Benediktinernovizin namens Maria war in den 20ern als Kindermädchen in den Haushalt des verwitweten Baron von Trapp eingetreten. Sie kümmerte sich dort so rührend und engagiert um die sieben Kinder des Barons, daß ihr der Witwer bald darauf einen Heiratsantrag machte. Maria nahm an, die beiden bekamen noch drei gemeinsame Kinder. Und bald war Kreativität gefragt, um die spärlich bestückte Haushaltskasse aufzufüllen. Also studierte Maria mit ihren leiblichen und den Stiefkindern Lieder ein und ließ von 1937 an nach Auftritten mit dem ungewöhnlichen Familienchor den Hut kreisen. Schnell sprach sich herum, wie gut die Trapp-Kinder singen konnten – und natürlich förderte auch die Tatsache, daß die Kleinen gar so süß aussahen, die Popularität des Familienensembles. Und schon wenig später galt die Trapp-Familie als einer der erfolgreichsten Unterhaltungschöre dieser Zeit.

Der goldene Käfig

Anfangs überwog für Janet noch das positive Gefühl der Abwechslung, die das Leben rund um die Jacksons bestimmte und für ein kleines Mädchen reichlich spannend machte. Janet konnte ihre Brüder gelegentlich im Fernsehen bestaunen, und die Magazine, in denen sie als kleines Mädchen blätterte, berichteten ebenfalls häufig von den Erfolgen der Jackson 5; Michael und die anderen lächelten von den Titelseiten und schwärmten gelegentlich auch von ihrem Leben in einer Großfamilie – und von der war sie, die kleine Janet, schließlich auch ein Teil.

Auch ihr Debüt als »Sängerin« absolvierte Janet schon sehr früh: Gerade mal sieben Jahre zählte sie, als sie für einen Gastauftritt in der Show ihres Bruders Michael auf die Bühne gebeten wurde. Wie aufregend muß das für das kleine Mädchen gewesen sein: Unter dem tosenden Beifall der fein herausgeputzten Zuschauer trippelte sie auf ihren Bruder zu, der lächelnd im Rampenlicht stand und ihr zuzwinkerte. Und als sie sich dann verlegen grinsend den dichtgefüllten Sitzreihen zuwandte, fiel ihr Blick auf die noble Ausstattung des Konzertsaals im luxuriösen MGM Grand Hotel in Las Vegas. Auf die bis auf den letzten Platz besetzten Sitzreihen. Auf die erwartungsfrohen Gesichter, lächelnd die meisten. Und sie genoß den vielstimmigen Jubel, als sie Michael mitten auf der Bühne an der Hand nahm.

Damals dürfte sie noch nicht geahnt haben, daß das nur ein vager Vorgeschmack auf das sein sollte, was sie später einmal selbst erleben würde.

Doch der zunehmende Erfolg verstärkte auch die negativen Folgen der Popularität. Inzwischen begannen einige der ganz eingefleischten Fans bereits, ihre Jacksons regelrecht zu jagen, um von ihnen ein Autogramm zu bekommen. Bald fühlten sich die Familienmitglieder auch zu Hause wie auf dem Präsentierteller. Und schließlich hatte vor allem Mutter Katherine die Nase voll. Sie und ihr Mann sahen sich in der Umgebung von Los Angeles nach einem neuen Eigenheim um – und als sie schließlich fündig wurden, staunte die Öffentlichkeit nicht schlecht über das eindrucksvolle Anwesen: mehrere Morgen Land im kalifornischen Encino, mit hohen Mauern, Zäunen und Hecken vor den Blicken neugieriger Fans geschützt, durch Elektrozäune und bissige Wachhunde gegen Einbrecher gewappnet. Einige Journalisten berichteten damals von einer wahren »Jackson-Festung«.

Erst Jahre später merkte Janet allerdings, daß die Jacksons wahrscheinlich auch ohne Zäune und Bodyguards Außenseiter in ihrem Viertel gewesen wären: »Wir waren eine der ersten schwarzen Familien in Encino. Ein Großteil unserer Nachbarschaft war jüdischen Glaubens. Ich hatte dort zwar viele gute Freunde, aber das große Erwachen kam, als ich auf die Junior High School wechselte. Da wurden wir schwarzen Kids plötzlich von den Leuten beschimpft. Eines Tages war ich mit den schwarzen Brüdern und Schwestern auf dem Schulhof, und wir tanzten zu einer Funk-Musik. Niemals zuvor hatte ich mich so glücklich gefühlt. Ich war immer isoliert gewesen, ohne es zu wissen ...«

Durch aufwendige Sicherheitsmaßnahmen vor allzu aufdringlichen Fans geschützt – und durch dieselben Mauern und Zäune auch selbst eingesperrt: Die Familie zog nicht nur Vorteile aus ihrem plötzlichen Ruhm. Zumindest die älteren Kinder von Joe und Katherine dürften sich damals gelegentlich nach dem weniger spektakulären, aber dafür von solchen Sorgen freien Leben in Gary/Indiana zurückgesehnt haben. Zurück in das eingeschossige Holzhäuschen an der Ecke Jackson Street/23rd Avenue mit den zugigen Fenstern und den spärlichen Büschen vor der schmucklosen Eingangstür.

Auch Mutter Katherine betrachtete das neue Leben der Familie mit gemischten Gefühlen. Einerseits freute sie sich nach langen, harten und entbehrungsreichen Jahren über den Luxus, den sie, ihr Mann und die Kinder inzwischen genießen konnten – andererseits vermißte sie die ruhigen Abende im Wohnzimmer schmerzlich. »Lange Zeit«, sagte sie einmal, »mußten wir schwer kämpfen. Bevor unsere erste Tochter Maureen geboren wurde, war mein Mann Joe lange arbeitslos. Der Erfolg meiner Kinder kam mir wie ein Märchen vor. Von ihrem ersten Geld kauften wir einen Farbfernseher.« Und über die Kehrseite: »Als kleines Mädchen träumte ich von Hollywood. Aber die Wirklichkeit ist nicht so schön.«

Janet dagegen kannte nur den goldenen Käfig von Encino. »Seit meinen Babyjahren wußte ich, was mich mal als Star erwarten würde«, erinnerte sich Janet 1983. »Meine Brüder waren ja schon Stars, als ich ganz klein war. Ich kannte den Trubel. Je schneller man sich mit dem Druck abfindet, desto besser.« Sie wuchs inmitten des Rummels um ihre Brüder auf, umgeben von der Geschäftigkeit ihres Vaters, der Besorgtheit ihrer Mutter – abgeschottet vom normalen Leben, das Gleichaltrige außerhalb der »Festung« führten. Janet: »Vieles von dem, was normale Kids tun, konnte ich nicht mitmachen, weil ich zu beschäftigt war.«

Und so bewegte sie sich von Kindesbeinen an wie selbstverständlich in einer Welt, die mit dem übrigen Amerika herzlich wenig zu tun hatte. In einer Welt, die sich die Jacksons mit Hilfe ihrer stattlichen Einkünfte eindrucksvoll hergerichtet hatten: Ein Baseball-Feld, ein eigenes Plattenstudio, ein eigenes Kino und ein großer Raum für die Trophäen und Auszeichnungen der Jackson 5

Aller Anfang ist schwer: Janet, noch etwas pummelig, in absolut unpassendem Schlabber-Look.

fanden Platz hinter den hohen Mauern. Dort dachte sich Janet Streiche und Spiele aus, die eigentlich ziemlich normal für ein kleines Mädchen wie sie wirken. »Als ich klein war«, verriet sie einmal in einem Interview, »gab es für mich nichts Schöneres, als den ganzen Tag mit Michael herumzubalgen und mit ihm Streiche auszuhecken. Michael und ich legten LaToya und Rebbie immer Gummispinnen ins Bett. Dann nahm mein Bruder das Gekreische meiner Schwestern mit einem Kassettenrecorder auf.« Oft brachte Janet ihre Geschwister auch durch gekonnte Imitationen amerikanischer Showgrößen zum Lachen – und wurde von den Brüdern nur dann mit großem Hallo durch die Wohnung gejagt, wenn sie sich allzu dreist als Kopie eines von ihnen versucht hatte.

Die Welt da draußen ...

Wenn sie dann doch für kurze Zeit den »goldenen Käfig« verließ, stellte sich Janet manchmal ziemlich weltfremd an. 1994 erzählte sie folgende Anekdote: »Ich erinnere mich noch heute an eine Begegnung mit zwei weißen Jungen, die ihren Ferrari neben mir stoppten, als ich mich auf dem Weg zu einem Schallplattengeschäft befand. Damals war ich neun Jahre alt und in Begleitung. Die Jungen in dem Ferrari gaben mir einen Briefumschlag und hauten ab. Wir rissen ihn auf, und ich wunderte mich, warum da Zucker drin war. Tatsächlich war das Kokain. Wir haben es auf dem Parkplatz in eine Spalte geschüttet, damit niemand daran kommen konnte. Das war eine meiner ersten Konfrontationen mit einer Realität, die ich nicht kannte.«

Den älteren von Janets Brüdern wurde das hermetisch abgeschlossene Areal bald zu eng – unter dem Dach der Villa lebte bald nicht mehr die ganze Familie. Maureen »Rebbie«, die älteste der drei Schwestern, hatte schon geheiratet, als die Jacksons noch in Indiana wohnten. Jackie, Tito, Marlon und Jermaine heirateten ebenfalls wenig später, wurden selbst Familienväter und zogen aus. Und schon 1984 lebten nur noch Janet, Michael und LaToya bei ihren Eltern auf dem riesigen Anwesen in Encino.

Erste eigene Erfolge

Etwa vier Jahre nachdem sie an der Seite ihres berühmten Bruders das erstemal hatte Bühnenluft schnuppern dürfen, feierte Janet bereits ihre ersten eigenen Erfolge. Im September 1977 absolvierte sie ihre Premiere als Schauspielerin: In der beliebten amerikanischen Situationskomödie »Good Times« sorgte sie in der Rolle des Mädchens Penny Gordon Woods für einige Lacher.

Die elfjährige Janet entpuppte sich als vergleichsweise coole Debütantin. Sicher: Sie war nervös vor ihrem ersten Auftritt vor der Fernsehkamera. Sie zappelte hinter den Kulissen ganz aufgeregt herum, weil das Tohuwabohu einer TV-Produktion nun einmal etwas ziemlich Beeindruckendes ist für eine Elfjährige. Doch im Studio selbst, als sie ihren Text auf Stichwort sagen mußte, als sie ein paar Schritte durch die Kulissen zu machen und dabei vor allem nett zu wirken hatte, stellte sich Janet aus dem populären Jackson-Troß als eine Art Naturtalent heraus.

Jedenfalls machte sie ihre Sache gut genug, daß die TV-Produzenten, die ihr Debüt mitbekommen hatten, den Namen der kleinen Janet in ihren Notizbüchern rot unterstrichen. Und schon bald wurden ihr weitere Rollen angeboten. Unter anderem tauchte sie in den folgenden Jahren in den Besetzungslisten von amerikanischen Serien wie »Different Strokes« und »A New Kind Of Family« auf. Ihren größten Erfolg feierte sie allerdings mit »Fame«, der TV-Serienfassung des gleichnamigen Kino-Hits. 1984 zählte sie ein Jahr lang zum Ensemble dieser Fernsehproduktion um eine Musikschule, deren äußerst unterschiedliche Schüler ihre Träume von einer Karriere im Showgeschäft geschickt verwirklichen – oder tragisch an ihren unerfüllten Träumen zerbrechen.

Janet, das war bald klar, sollte zur ersten Kategorie

gehören. Kunststück: Ihr Vater kümmerte sich inzwischen um ihre Karriere. Als er nach anfänglicher Skepsis ihr Talent und ihre Vielseitigkeit erkannt hatte, setzte er die Erfahrungen, die er als Manager der Jackson 5 gemacht hatte, nun auch zugunsten seiner jüngsten Tochter ein.

Im Vergleich zu ihrer damals auffallend hübschen älteren Schwester LaToya wirkte Janet zwar noch immer reichlich pummelig – doch das noch ein wenig rundliche Gesicht begann bereits, mehr fraulich als kindlich zu wirken. Durch ihre schüchtern-nette Art, ihre auf vielen Fotos geradezu riesig wirkenden Augen und ihr freundliches, oft unkompliziertes Auftreten schien sie obendrein geradezu dafür geschaffen zu sein, »everybody's darling« zu werden. »Janet«, schwärmte eine amerikanische Zeitschrift im Juni 1984, »besitzt dieses gewisse Etwas eines Teenagers auf der Schwelle zur Frau.« Und sie hatte, wenn es um ihre berufliche Zukunft ging, ein »Problem«, das ihr viele Gleichaltrige wahrscheinlich liebend gern abgenommen hätten: Sollte sie sich nun zum Studium an der nicht weit vom Haus der Eltern entfernten Pepperdine-Universität in Malibu einschreiben – oder sollte sie statt dessen das Angebot annehmen, in Skandinavien für einen zweistündigen Liebesfilm vor der Kamera zu stehen?

Allmählich begann sich Katherine Jackson Sorgen um ihre Jüngste zu machen. Als eingefleischte Zeugin Jehovas legte sie einen hohen moralischen Maßstab an das Verhalten aller Familienmitglieder. Die Lehre ihrer Glaubensgemeinschaft verurteilt vor allem Sex vor der Ehe – und sogar Flirts und Rendezvous sind eigentlich nur erlaubt, wenn mit ihnen die ernsthafte Absicht verbunden ist, seinen Schwarm später auch zu heiraten.

Zumindest bis kurz nach ihrer Pubertät hatte Janet ihrer Mutter in dieser Hinsicht keinerlei Kummer bereitet.

»Nein«, plauderte Janet später, »Flirts haben mich nicht interessiert. Ich war eigentlich in meiner Jugend so eine Art Jungentyp. Ich war das, was wir hier einen ›Tomboy‹ nennen.« Außerdem hatte es Janet »dank« ihrer Figur auch ein wenig leichter, sich im Hinblick auf Jungs bedeckt zu halten, wie sie sich 1994 grinsend erinnerte: »Ich war ›chubby‹, pummelig – das kann man wohl sagen! Nicht, weil ich so viele Torten esse. Nein, das tue ich nicht. Aber aus irgendeinem Grunde liebe ich Speisen, die fett machen. Und da mein Stoffwechsel offenbar recht träge ist, lege ich leicht zu, wenn ich nicht aufpasse. Deshalb trainiere ich heute an sechs Tagen pro Woche je zweieinhalb Stunden, um fit und schlank zu bleiben.«

Diesen sportlichen Eifer hat Janet damals zwar noch nicht an den Tag gelegt – aber auch der Mutter fiel auf, daß sich das pummelige Kind allmählich in einen hübschen Teenager verwandelte. Und die ersten Schritte im Showgeschäft beschleunigten diese Entwicklung noch.

Ein entscheidendes Jahr

1982 war ein entscheidendes Jahr für Janet – wichtiger für ihr künftiges Leben, als sie es zunächst selbst wissen sollte. Sie veröffentlichte ihre erste Langspielplatte, landete zwar einen Achtungserfolg, erwies sich damit aber als zweite Wahl nach dem großen Bruder Michael. Doch sie lernte ausgerechnet im Jahr von Michael Jacksons bis dahin größtem CD-Erfolg jene Produzenten kennen, die ihr später helfen sollten, aus dem Schatten des weltberühmten großen Bruders zu treten. Aber der Reihe nach.

16 Jahre war Janet im Mai des Jahres 1982 geworden – ein hübscher, noch immer etwas pausbäckiger Teenager auf der Suche nach einem Platz im Leben. All die Jahre hatte sie miterlebt, wie ihre Brüder Jackie, Tito, Jermaine, Marlon und Michael als Jackson 5, später dann Jackie, Tito, Randy, Marlon und Michael als The Jacksons und schließlich einige von ihnen auch noch als Solokünstler weltweit erfolgreich waren. Sie hatte erlebt, wie stolz ihr Vater Joe auf diese Erfolge war und wie sehr all die Hits das Leben der Familie verändert hatten.

Und obwohl sie auch die Kehrseite der Showbusineß-Medaille zur Genüge kennengelernt hatte, obwohl sie erfahren hatte, daß der Jubel der Fans durch ständiges Üben, knappe Freizeit und eine immer kleiner werdende Intimsphäre teuer erkauft werden mußte, träumte auch die kleine Janet bald von einer Karriere als Sängerin. Schließlich galt sie durch ihre Fernsehauftritte schon selbst als Sternchen am amerikanischen Showbiz-Himmel – und die Chancen schienen gut zu stehen, diesen Ruhm auch mit eigenen Platten zu versilbern.

Insgeheim dürfte Janet wohl auch davon geträumt haben, ihrem Vater etwas zu beweisen. Der nämlich hatte seit jeher mehr auf seine Söhne gesetzt, hatte vor allem in

Ersten Ruhm erntete Janet unter anderem durch ihren Auftritt in der TV-Serie FAME.

Jackie, Tito, Jermaine, Marlon, Randy oder Michael nach Talenten geforscht, ihre Begabungen gefördert und sie schließlich zur erfolgreichen Jackson-Band geformt. Doch die Mädchen kamen meist zu kurz. Ihnen schien der Vater längst nicht so viel zuzutrauen wie den Jungs.

Darunter litten außer Janet auch ihre beiden älteren Schwestern Maureen, genannt Rebbie, und LaToya. LaToya begehrte als erste gegen die Ansichten des Vaters auf – und veröffentlichte 1980 ihre Debüt-LP »LaToya Jackson«. Für das Album unterschrieb sie außerdem nicht beim Label Epic, das – als CBS-Tochterfirma – die Jacksons als Band und Michael Jackson damals als Solokünstler unter Vertrag hatte. Statt dessen ließ sie ihre Langspielplatte vom Konkurrenzunternehmen Polydor veröffentlichen. Im folgenden Jahr, 1981, ging LaToya noch einen Schritt weiter: Ihre zweite LP, »My Special Love«, spielte sie gemeinsam mit ihren Brüdern Marlon, Jackie, Randy und Tito ein. Vater Joe Jackson dürfte kaum die in der Besetzung versteckte Anspielung entgangen sein: Im Grunde war LaToyas Band identisch mit The Jacksons – und LaToya nahm in diesem Fall den Platz von Joe Jacksons ganzem Stolz, seinem Sohn Michael, ein.

So deutlich wagte Janet nicht, sich ihrem Vater entgegenzustellen. Es reichte ihr offenbar, sich den Wunsch nach einer eigenen Platte zu erfüllen – doch für das Projekt selbst zog Papa Joe hinter den Kulissen die Fäden.

Für Janet war das Entstehen der ersten eigenen Platte natürlich ein faszinierendes Erlebnis. Um sie herum wurde aus erfahrenen Studioprofis eine stattliche Begleitband zusammengestellt, die Janets damals noch sehr dünnes Stimmchen mit einschmeichelnden Arrangements umgab. Der Drummer Wardell Potts, der Bassist Leon F. Sylvers, der Gitarrist Ernest Reed und der Keyboarder Joey Gallo hatten zum Beispiel 1979 an der Hit-CD »Big Fun« der

Funkgruppe Shalamar mitgewirkt – und auch Barry Sarna (Keyboards), Sänger Howard Hewitt sowie der Keyboarder Eugene »Gene« Dozier stammten aus dem Umfeld der erfolgreichen Party-Band. Leon und Edmund Sylvers hatten sich schon in den 70er Jahren mit tanzbarem Soulpop einen Namen gemacht und galten unter ihrem Bandnamen Sylvers beinahe als eine Art Mini-Ausgabe der Jacksons.

Mit diesem Team und einigen weiteren Musikern nahm Janet ihre erste Langspielplatte auf, und aus der professionellen Produktion wurden die Songs »Young Love« und »Come Give Your Love To Me« als Singles ausgekoppelt. Offenbar hatte Janet damals vor allem der Debüt-Single »Young Love« ihren Segen nicht gegeben, denn später erinnerte sie sich: »Es war mir peinlich, als ich das Lied im Radio hörte. Ich mag meine Stimme nicht. Ich finde sie wirklich häßlich. Sie ist so hoch!«

Die Musik war nicht allzu ungewöhnlich ausgefallen – eher durchschnittlicher Dancefloor-Pop mit einer Prise Soul. Dazu paßten auch die insgesamt ziemlich braven Texte, die Janet als singenden Backfisch mit romantischen Gefühlen präsentierten. Beinahe schüchtern proklamierte sie die Träume von der unverbrauchten Liebe, die möglichst unbeschadet den Sprung vom nervös gekrakelten Liebesbrief ins alltägliche Leben überstehen sollte.

Dennoch: Als die Platte im November 1982 erschien, trat Janet Jackson immerhin endgültig in die Fußstapfen ihrer älteren Brüder – und ihre CD »Janet Jackson« konnte sich auf Anhieb in der amerikanischen Hitparade plazieren, auch wenn sich Rang 63 gegen die Erfolge der Jackson 5 eher bescheiden ausnahm. Doch ein Anfang war gemacht. Und die beiden ausgekoppelten Singles etablierten sich ebenfalls im unteren Mittelfeld der Charts.

Wahrscheinlich ging das Rezept damals vor allem deshalb auf, weil es recht geschickt an das aktuelle Image von Janet Jackson anknüpfte. Sie konnte von vornherein sicher sein, daß sie als jüngster Sproß des international gefeierten Jackson-Clans im ganzen Land Aufmerksamkeit erregen würde. Und die süßen Songs von der jugendlichen Liebelei mußten der Öffentlichkeit als logische Fortsetzung ihrer Auftritte in TV-Serien wie »Good Times« erscheinen.

Doch schon damals begann sich Janet für ganz andere, viel wildere Musik zu interessieren – und ausgerechnet ihre Mutter begleitete sie zu einem Konzert der Gruppe The Time, die damals in Chicago gastierte. Katherine Jackson erlebte in der Halle ihr blaues Wunder, während ihre Tochter sich völlig begeistert zeigte von der energiegeladenen Show und der schweißtreibenden Musik der Gruppe. »Ich erinnere mich«, erzählte sie 1995, »wie es war, als ich damals das Konzert von The Time sah. Ich war mit meiner Mutter dort, und ich wünschte, es nicht gewesen zu sein. Für Mutter war das zuviel! Aber ich liebte es. Ich tanzte die ganze Zeit. Die Jungs erzählten irgendwelche Schweinereien, faßten sich zwischen die Beine und hauten so auf die Kacke, daß wir völlig fertig waren.«

»Sing, Sing, Sing, Sing – Everybody Starts to Swing«

Kleine Charts-Ahnentafel der Jacksons

Lange Zeit stand Janet Jackson im Schatten eines anderen Familienmitglieds. Und damit ist keinesfalls immer nur Superstar Michael Jackson gemeint. Eine kleine Zusammenstellung der Hits und Beinahe-Hits von Janets Geschwistern – für alle, die vielleicht zwischendurch mal die Übersicht verloren haben:

Jackson 5, The Jacksons

Als die Jackson 5 von 1969 an ihre ersten landesweiten Erfolge feierten, war Janet noch zu klein, um sich darüber zu ärgern, daß sie im Schatten von Michael, Jermaine, Jackie, Tito und Marlon stand. Außerdem ging es ihr da nicht anders als den meisten anderen Amerikanern auch – denn einen solchen Einstieg hatte es für US-Newcomer bis dahin noch nicht gegeben: Mit ihren Singles »I Want You Back«, »ABC« und »The Love You Save« wurden die Jackson 5 die erste Band, die in den amerikanischen Charts mit ihren ersten drei Hitparaden-Notierungen gleich auf Platz eins landeten. Später flachte die Begeisterung für die Jackson-Brüder ein wenig ab, aber bis 1975 – als die Gruppe die Plattenfirma wechselte und Jermaine daraufhin die Band verließ – blieben sie unter dem bewährten Namen gut im Geschäft.

Nach dem Ausstieg von Jermaine nannten sich Michael, Jackie, Tito und Marlon The Jacksons, nahmen ihren Bruder Randy als Jermaine-Ersatz in die Band und landeten weitere Hits: »Show You The Way To Go« (1977) und »Blame I On The Boogie« (1978) zählten zu den frühen Erfolgen; bis in die 80er Jahre hinein landeten die fünf Jacksons zahlreiche mittlere und große Hits.

Nachdem Jermaine die Plattenfirma Motown verlassen hatte, schloß er sich 1983 wieder seinen Brüdern an und erreichte als Mitglied der nun sechsköpfigen Jacksons erneut die internationalen Charts: Die Single »State Of Shock« (1984 auf Platz drei in den USA) und das Album »Victory« (Platz vier in den USA und in Großbritannien) samt der dazugehörenden Tournee (40 Konzerte, Gesamtumsatz 5,5 Millionen Dollar) markierten die größten Erfolge in dieser Besetzung.

1989 erschien die erste Jacksons-CD, an der Michael Jackson nicht nennenswert beteiligt war. »2300 Jackson Street« war erfolgreich, blieb aber weit hinter den Verkaufszahlen früherer Jacksons-Platten zurück.

Michael Jackson

1972 nahm Michael Jackson die Soundtrack-LP zum Film »Ben« auf – und der Titelsong wurde sein erster Nummer-eins-Hit als Solist. 1979 befreite sich Michael vom Image des knuddeligen Popknirpses und schaffte mit dem Album »Off The Wall« sowie den daraus ausgekoppelten Singles »Don't Stop 'Til You Get Enough« und »Rock With You« (beide in den USA auf Platz eins) endgültig den Sprung zum Top-Act der amerikanischen Popszene.

Mit den Alben »Thriller« (1982) und »Bad« (1987) setzte er durch gigantische Verkaufszahlen und eine bis dahin kaum gekannte Anzahl ausgekoppelter Top-Hit-Singles neue Maßstäbe im Musikgeschäft. Allein die

Langspielplatte »Thriller« ging weltweit rund 40millionenmal über die Ladentische, und auch seine lang erwartete LP »History« übertraf alle Erwartungen. Mehr über Michael und seine Erfolge zu sagen würde den Rahmen dieses Buches sprengen – er ist nicht umsonst einer der meistdiskutierten, erfolgreichsten und vielschichtigsten Entertainer der Welt ...

LaToya Jackson

Seit 1975 durfte sie gelegentlich im Background-Chor der Jacksons mitmischen. 1980 reichte ihr das nicht mehr: Sie veröffentlichte Ende des Jahres ihr erstes Solo-Album, »LaToya Jackson«, schaffte damit aber nur einen Achtungserfolg.
Auch mit ihrem zweiten Album, »My Special Love«, erging es ihr kaum besser. 1984 kam sie dann doch noch in etwas höhere Charts-Regionen: Die Single »Heart Don't Lie« kam in Amerika bis auf Platz 56. In diesem Jahr galt sie allgemein als diejenige der Jackson-Schwestern mit den größten Chancen auf eine lang anhaltende Karriere im Showgeschäft – sie wurde weit höher eingeschätzt als die jüngere Janet, die damals neben der hübschen, grazilen LaToya wie ein unscheinbarer, beinahe pummeliger Teenager wirkte.
Und 1984 schien tatsächlich alles darauf hinzudeuten, daß die schlanke LaToya schon in absehbarer Zeit ein internationaler Topstar sein würde. Sie nahm einige neue Songs auf, sie plante die Vorstellung einer eigenen Kollektion mit schicken Lederklamotten, und ein großer amerikanischer Fernsehsender wollte sie als Moderatorin einer Musiksendung verpflichten. Auch an der Seite von Bruder Michael kam sie zu einem sehenswerten

Auftritt: Als er gemeinsam mit Ex-Beatle Paul McCartney die Single »Say Say Say« eingespielt hatte und die Dreharbeiten für einen Video-Clip zu der leichtverdaulichen Popnummer anstanden, ließ sich Regisseur Bob Giraldi nicht davon abbringen, Michaels attraktive Schwester mit einer kleinen Rolle in dem Video unterzubringen.

In Interviews verriet die »kleine Janet« allerdings schon damals, daß es ihr nicht an Entschlossenheit fehlte, in der familieninternen Rangliste aufzuholen. Daß ihr das nur wenige Jahre später sehr eindrucksvoll gelang, mag auch daran gelegen haben, daß sich LaToya immer weniger um Musik kümmerte. Sie machte zunehmend Schlagzeilen mit Aktionen, für die sie geschickt ihren berühmten Namen einsetzte, die aber nicht gerade für gute Plazierungen in den Hitparaden geeignet waren. So sang die Gattin des damaligen US-Präsidenten, Nancy Reagan, mit LaToya einmal ein Duett – das denkwürdige Teamwork wurde als Anti-Drogen-Song unter dem Titel »Just Say No« veröffentlicht. Ein anderes Mal kam LaToya in die Schlagzeilen, weil ein Journalist das Gerücht ausgestreut hatte, sie und Michael würden sich aus einem sehr spektakulären Grund verblüffend ähnlich sehen: Sie wären in Wirklichkeit ein und dieselbe Person. Und schließlich schreckte LaToya Freunde und Gegner der Jacksons auf, als sie ein Skandalbuch über ihre Jugend im Jackson-Clan veröffentlichte und darin schwere Beschuldigungen vor allem gegen ihren Vater aufstellte. Das endgültige Aus für LaToya folgte 1995, als sie ihrem berühmten Bruder Michael öffentlich in den Rücken fiel, während dieser sich gegen die berühmt-berüchtigten Kindesmißbrauch-Vorwürfe verteidigte.

Rebbie Jackson

Maureen »Rebbie« Jackson landete ihren ersten (und einzigen) Solohit 1984. Damals hatte Michael für seine Schwester den Song »Centipede« komponiert und ihr damit einen Single-Erfolg (Platz 24) in den USA beschert. Auch ein Album von ihr konnte sich im unteren Mittelfeld der amerikanischen Charts plazieren. 1986 erschien ihre LP »Reaction«. Außerdem tat sie sich mit Robin Zander, dem Sänger der Melodicrock-Band Cheap Trick, zusammen.
Die beiden veröffentlichten die Single »You Sent The Rain Away« und kamen damit in die Top 50 der amerikanischen Rhythm & Blues-Charts.
Davon abgesehen machte Rebbie vor allem durch Auftritte im Background-Chor ihrer Brüder auf sich aufmerksam.

Jermaine Jackson

Neben Michael – und inzwischen natürlich auch Janet – ist er der erfolgreichste Einzel-Jackson. Ermutigt durch den Erfolg mit Michaels erster Soloplatte, veröffentlichte das Motown-Label 1972 auch eine Jermaine-Single. »That's How Love Goes« kam in die amerikanischen Top 50, das erste Solo-Album »Jermaine« kletterte sogar bis auf Rang 27.
Noch besser lief es für Jermaine Jackson dann acht Jahre später: 1980 erreichte er mit der Single »Let's Get Serious« (Platz neun) und dem gleichnamigen Album (Platz sechs) die amerikanischen Top Ten und meldete sich damit eindrucksvoll nach mehrjähriger Plattenpause zurück.

Jermaine Jackson

In Deutschland brachte Jermaine ein Duett großen Erfolg: Er war mit der allenfalls mäßig begabten Schauspielerin und Sängerin Pia Zadora ins Studio gegangen, um die gemeinsame Nummer »When The Rain Begins To Fall« aufzunehmen.

Marlon Jackson

Sein erstes Solo-Album erschien 1987: Im Oktober kam »Baby Tonight« auf den Markt und erreichte Rang 188 als höchste Plazierung.
Zwei Single-Auskopplungen konnten sich lediglich in mittleren Positionen der amerikanischen Rhythm & Blues-Spezialcharts plazieren.

Jackie Jackson

Von allen Jackson-Kindern, die es einmal versuchten, hat er wohl die kürzeste Solo-»Karriere« hinter sich. 1973 brachte Motown die LP »Jackie Jackson« heraus – das Album war ein Flop und damit zugleich auch der Schlußpunkt der musikalischen Laufbahn Jackies außerhalb der Jacksons.
Dafür wurde er aber ein paar Jahre später »entschädigt«: Als Gast der Benefiz-Show »Rock'n'Roll Sports Classic«, in der Prominente in einer Art Jux-Olympiade gegeneinander antreten mußten, gewann Jackie vier der Ausscheidungen und durfte die entsprechenden Trophäen mit nach Hause nehmen.

3T

Mit diesen drei Söhnen von Tito Jackson geht die musikalische Ader der Familie seit Joe Jackson in die dritte Generation. Taryll, Taj und T. J. Jackson schlugen sich mit ihrem 1996 veröffentlichten Debütalbum »Brotherhood« sehr wacker und avancierten international im Handumdrehen zu einer der beliebtesten Newcomer-Bands.

Die nächste Generation – Titos singende Söhne T. J., Taryll und Taj alias 3T.

Dennoch verbeugten sie sich artig und bescheiden vor den erfolgreichsten Verwandten. »Wir sind keine so guten Tänzer wie Onkel Michael und Tante Janet.« Und Taj meinte über Janet: »Ich liebe meine Tante. Schließlich hat sie schon auf mich aufgepaßt, als ich noch ein Baby war. Sie ist eine erstaunliche Entertainerin, und wir alle bewundern sie sehr. Sie bringt uns sehr viel bei.«

Das Küken wird flügge

Wie schon erwähnt, war Mutter Katherine als bibelfeste Zeugin Jehovas sehr darauf aus, daß Flirts nur als Vorgeplänkel einer ernsthaft geplanten Hochzeit riskiert wurden. Diese Regel nahm Janet 1984 allerdings weit wörtlicher, als das selbst ihrer sittenstrengen Mutter recht gewesen sein dürfte. Die 18jährige hatte den Musiker James DeBarge kennengelernt und sich ziemlich schnell bis über beide Ohren in ihn verliebt. Die heftige Affäre mit James ließ Janet ihr bisheriges Leben im goldenen Käfig bald in einem anderen, weniger angenehmen Licht erscheinen.

Nun empfand sie vor allem die strenge Disziplin, die der Vater von allen Familienmitgliedern forderte, als Korsett, das ihr nicht den nötigen Freiraum ließ. Joe Jackson kümmerte sich um ihre Karriere – und wie im Fall seiner erfolgreichen Söhne bedeutete das, daß für ein Privatleben nicht mehr viel Zeit blieb. Und das wenige, was Janet in ihrer knappen Freizeit unternahm, wurde von der Mutter nicht immer gern gesehen. Zwar gab sich Katherine Jackson stets sehr verständnisvoll und erzog auch Janet, indem sie ihr recht viele Freiheiten ließ – doch für Janet war es zugleich nicht schwer zu erraten, was ihre Mutter insgeheim davon hielt, wenn die Tochter mit ihrer kleinen Clique von Freunden um die Häuser zog, spätabends essen ging, sich Kinofilme ansah und sich auf privaten Partys amüsierte.

Schließlich wurde es Janet zu bunt: Im August 1984 brannte sie mit James nach Michigan Falls durch. Als ihre Eltern am nächsten Morgen das Bett ihres Nesthäkchens leer vorfanden, war Feuer unterm Dach des Hauses Jackson: Vater Joe hatte einen seiner berüchtigten Wutanfälle, Mutter Katherine raufte sich voller Angst, Entsetzen und Verzweiflung die Haare. Und eine Nachricht, die schließlich am 7. September im San Fernando Valley eintraf, machte die Situation nicht viel angenehmer: Janet und James, so hieß es, hatten heimlich geheiratet.

»Das war sicherlich ein Schock für meine Familie«, gibt Janet heute zu – »aber auch ein Schock für mich, denn die Welt, die da draußen auf mich wartete, war mir fremd. Im nachhinein bin ich froh über diese Erfahrung. Denn vieles wußte ich über das Leben bis dahin nur aus Büchern. Nun hatte ich die Chance, alles selbst zu erleben – und diese Chance habe ich weidlich ausgenutzt.«

Der Hintergrund der ganzen Geschichte: James DeBarge hatte Drogenprobleme, und die in ihn verliebte Janet wollte ihm aus der verfahrenen Situation helfen. Die Hochzeit, dachte sie, würde James Halt genug geben, um eine Entziehungskur durchzustehen. Doch das Happy-End blieb leider aus: Auch Jahre später hatte es DeBarge noch immer nicht geschafft, »clean« zu werden – und das, obwohl sich Janet selbst nach der Ehe noch um ihren kurzzeitigen Ehemann sorgte. »Ich habe lange versucht, ihn von Drogen loszubringen – das war die schlimmste Zeit meines Lebens. Tagsüber mußte ich die Dreharbeiten zur Fernsehserie ›Fame‹ durchstehen, nachts war ich unterwegs mit ihm. Ich wollte wissen, was er macht, was und wieviel er von dem ›stuff‹ kauft. Oft bewegte ich mich selbst hart an der Grenze der Legalität, obwohl ich noch nie Drogen genommen habe.«

Nach wenigen Monaten war jedenfalls die Ehe zwischen James und Janet am Ende – und eine völlig aufgezehrte Janet sah ihren ersten Versuch, sich ein eigenes Leben aufzubauen, vor sich in Scherben liegen. Der Bruch mit Vater Joe war nicht mehr so ohne weiteres zu kitten – und als Janet schließlich wieder nach Hause kam, kehrte sie eigentlich nur zu ihrer Mutter und zu den Geschwistern zurück. Reue empfand sie zwar, aber nicht unbedingt ihrem Vater gegenüber: Janet sah es nur als Fehler an, James DeBarge gleich geheiratet zu haben. »Ich hatte mich damals aus den falschen Gründen zur Ehe entschlossen«, erklärte sie viele Jahre später in einem Interview. »Sicher, es war Liebe – aber vor allem wollte ich ihm helfen. Das wurde zu einer bitteren Zeit für mich.«

Heute kann sie die tragische Episode mit dem nötigen Abstand betrachten. »Manchmal«, beklagte sich Janet später, »habe ich mich gefragt: ›Lieber Gott, womit habe ich das verdient?‹ Ich habe mich gefühlt wie in der Hölle. Und immer wieder habe ich mir die Frage gestellt: ›Warum werde ich so gestraft?‹ Irgendwann kam mir die Erleuchtung: Gott bereitete mich auf die Zukunft vor. Ich sollte härter werden. Denn damals war ich äußerst schüchtern, sehr ruhig und zurückhaltend.«

Janet am Scheidepunkt

Nachdem sich die Karriere von Janet als Sängerin mit zwei Plazierungen in den Single-Charts und einem immerhin einigermaßen erfolgreichen Album 1982 und 1983 ganz ordentlich angelassen hatte, wollte sie nach ihrer kurzen Ehe-Eskapade mit der zweiten Langspielplatte noch ein bißchen höher hinaus. Und die Chancen standen zunächst nicht schlecht dafür: Als Produzenten konnten der Studioprofi Jesse Johnson und der aus Südtirol stammende Wahlamerikaner Giorgio Moroder gewonnen werden. Vor allem Moroder ließ Janet auf einen großen Durchbruch hoffen, denn der rührige Europäer hatte einst die Sängerin Donna Summer von Deutschland aus zum führenden Disco-Star der 70er Jahre gemacht, und auch in den Staaten waren ihm mit tanzbarem Pop ganz ansehnliche Erfolge gelungen.

Doch die Rechnung ging nicht auf. Die LP »Dream Street« erreichte in den USA Rang 147 als höchste Plazierung und blieb damit weit hinter den Erwartungen zurück. Die Familie Jackson dürfte dem Mißerfolg von »Dream Street« ziemlich fassungslos gegenübergestanden haben. Doch es sollte noch schlimmer kommen – der LP-Flop sollte nicht der einzige Fehlschlag für Janet bleiben, der den Jacksons Rätsel aufgab. Das Album enthielt unter anderem einen Song, den Janet im Duett mit dem weltweit sehr populären Sänger Cliff Richards aufgenommen hatte. Doch dieses Stück schaffte entgegen allen Prognosen nicht einmal den Sprung in die Charts.

Und so stand Janet Jackson Mitte der 80er Jahre unversehens an einem Scheideweg ihrer Karriere. Ihre bisherigen Platten hatten ihr ansehnliche Erfolge beschert – doch sie hatten nicht dazu geführt, daß sich Janet aus dem Schatten ihres übermächtigen Bruders Michael hätte be-

Cheese – noch konnte sich Janet nicht ganz von ihrem alten Outfit trennen.

freien können. Im Gegenteil schienen sie ihre bisherigen musikalischen Gehversuche sogar in eine künstlerische Sackgasse geführt zu haben. Sie war mit ihren 19 Jahren inzwischen zu alt, um das Image vom süßen Teenager weiter aufrechtzuerhalten und allein auf ihre nette Ausstrahlung zu bauen.

Kurz: Viele Branchenkenner hätten damals keinen Pfifferling mehr darauf gesetzt, daß Janet Jackson auch in einigen Jahren noch ein Popstar sein würde.

John McClain, ein Mitarbeiter ihrer amerikanischen Plattenfirma A & M, machte sich über Janets Zukunft einige Gedanken. Und bald war er überzeugt davon, daß er das richtige Team für seinen Schützling gefunden hatte: Mit dem Produzentenpaar Jimmy Jam und Terry Lewis, da war er sich absolut sicher, würde Janets Karriere den entscheidenden Schub bekommen.

Also besorgte John McClain der frustrierten Janet Tickets für ein Konzert von The Time, der Band von Jam und Lewis, in ihrer Heimatstadt Minneapolis. Janet war beeindruckt – und das schon ein zweites Mal, denn bereits die erste Live-Show der Band, die sie in Chicago mit ihrer Mutter gesehen hatte, hatte sie zum Fan von Jam und Lewis werden lassen. Janet Jackson: »Als ich Terry Lewis dann endlich bei A & M traf und ihre Songs hörte, war ich dennoch verunsichert. Sie spielten mir wunderschöne, sanfte Stücke vor, die sie für Patti Austin geschrieben hatten, und ich befürchtete, daß sie so was auch für mich im Sinn hätten.«

Doch diese Befürchtung stellte sich sehr schnell als grundlos heraus. Jam und Lewis genossen in der Branche nicht ohne Grund den Ruf als Groove-Spezialisten. Und auch Janet hatte sie als »groove machines« in Erinnerung – schließlich hatte sie während des ersten Konzerts von The Time in Chicago keine Minute lang stillstehen können. Der treibende Rhythmus der Time-Songs hatte sie förmlich zum Tanzen gezwungen. Und genau diesen Effekt wollten die beiden Soundtüftler auch mit der neuen Platte von Janet Jackson erzielen. Jimmy Jam: »Die Idee zu unserem ersten Album mit Janet war simpel: Wir wollten die funkigste Scheibe in der Geschichte des Planeten machen – eine Platte, die in jedem schwarzen amerikanischen Haushalt stehen mußte.«

Doch Janets Kehrtwendung ging natürlich nicht ohne Widerstand über die Bühne. Jimmy Jam erinnert sich: »Zu der Zeit wurde Janet noch von ihrem Vater Joe gemanagt. Er nahm uns beiseite und sagte: ›Ihr Jungs seid aus Minneapolis, Prince ist aus Minneapolis. Gut – aber ich will nicht, daß meine Tochter wie Prince klingt.‹« Diese Meinung des Jackson-Patriarchen dürfte weder Jimmy Jam noch Terry Lewis überrascht haben. Schließlich hatte sich Joe Jackson, der ja selbst nie über den Status eines ambitionierten Amateurmusikers hinausgekommen war, mit seinen Kindern ein kleines Musikimperium aufgebaut. Im wesentlichen verdankte er die meisten Erfolge cleveren Neuauflagen des Motown-Soul für die 70er und die 80er Jahre. Und die ganze Zeit über war auch seine kleine Janet meist ein gutfunktionierendes Rädchen im lukrativen Getriebe gewesen.

Doch damit, das hatte sich Janet ganz fest vorgenommen, sollte es nun ein Ende haben. Nach und nach hatte sie sich in den vergangenen Monaten immer mehr vom Vater gelöst – der letzte Schritt wurde vollzogen, als sie ihm mitteilte, er werde sie künftig nicht mehr wie bisher als Manager betreuen. »Weil es nicht gut ist, wenn man Geschäft und Familie vermischt«, erklärte Janet den offiziellen Grund für diesen Schritt später in einem Interview. »Wenn es mal nicht gut läuft, kann ich meinen Manager schon mal anpöbeln, aber meinem Vater widersprechen? Das gab es bei uns nicht. Nie! Und wir haben es auch nicht gewagt, deshalb war die Idee mit dem Vater als Manager nicht gut.«

Der wahre Hintergrund: Endlich wollte sie auf eigenen Füßen stehen, wollte selbst über sich und ihre Karriere bestimmen. Und sie wollte mit Hilfe der Musik endlich ihren eigenen Weg gehen. Plötzlich mußte Papa Joe einsehen, wie ernst es Janet damit war – und wie wenig Lust sie noch hatte, auch weiterhin sein kleines, behütetes, unmündiges Mädchen zu spielen. Und schließlich gab Joe Jackson nach. Auch wenn er nur zähneknirschend akzeptierte, daß sich Janet gegen den mit ihm befreundeten renommierten Produzenten Quincy Jones und für die »jungen Wilden« aus Minneapolis entschied. Aber: »Mit Quincy zu arbeiten«, fand Janet damals, »wäre für mich auf eine Kopie der Arbeit meiner Brüder hinausgelaufen.«

Und schließlich mußte Joe Jackson, selbst ein erfahrener Musiker, zumindest insgeheim zugeben, daß Janets Entscheidung richtig gewesen war. Zum ersten Mal, seit sie Platten aufnahm, spiegelte sich Janet selbst in ihren Songs, in ihren Texten wider. Sogar der Sound an sich wirkte wie ein Symbol: Laut, lärmend, treibend und lasziv kratzte jeder Ton am Image des jugendlichen, unbedarften Hochglanz-Pop-Püppchens, als das Janet Jackson bis dahin meist verkauft worden war.

Zoff in Beverly Hills

Kleine Chronologie der Streitigkeiten

So harmonisch Joe Jackson das Leben in seinem Clan nach außen hin auch gerne darstellte: Hinter den Hochglanzkulissen der gläubigen Großfamilie flogen schon recht früh die Fetzen. Und immer wieder wirkte der Verdruß, den die Kinder ihren Eltern bereiteten, wie eine Reaktion auf die strenge Disziplin, die Vater Joe Jackson von den Mitgliedern seiner Familie verlangte. Janet riß von zu Hause aus – doch auch die anderen hatten offenbar so ihre Probleme. Einige Beispiele.

Michael Jackson

Er galt jahrelang als derjenige der Jackson-Söhne, der am wenigsten daran interessiert war, Ärger mit seinen Eltern zu bekommen. Doch Mitte 1987 gab's plötzlich doch Spannungen mit dem braven Michael. In Interviews war zu lesen gewesen, daß sich Michael Jackson nicht mehr so recht mit dem seit jeher in der Familie tonangebenden Bekenntnis der Zeugen Jehovas identifizieren könne. Der Entschluß Michaels soll ziemlich lautstarke Reaktionen bei Vater Joe hervorgerufen haben. Fragt sich, wie er darauf reagierte, als Michael später gar Lisa Marie Presley, eine »bekennende« Scientologin, heiratete …

LaToya Jackson

Sie war schon immer die aufmüpfigste der Jackson-Töchter gewesen. Im März 1989 schockte sie die prüden

Eltern, als sie sich für das Herrenmagazin »Playboy« nackt ablichten ließ. Und 1991 lieferte sie ihr »Meisterstück« ab: In ihrer sehr indiskreten Autobiographie »La-Toya – Mein Leben mit dem Jackson-Clan« zog sie vor allem über ihren Vater her und porträtierte ihn als herrschsüchtigen, jähzornigen Despoten. Gipfel der Vorwürfe: Vater Joe Jackson habe sich an ihr, seiner Tochter LaToya, vergangen.

»Ich würde mich nie wie LaToya vor der Kamera ausziehen«, meinte Janet zu LaToyas »Playboy«-Fotos. »Das war nicht meine Schwester. Früher hat sie sich sogar im Pyjama vor uns geniert – so prüde war sie.« Doch besonders übel nahm sie ihrer Schwester die Vorwürfe, die sie in ihrem Buch gegen den Vater und ihren Bruder Michael

LaToya Jackson, das schwarze Schaf der Familie.

erhoben hatte: »Ich habe seit Jahren kein Wort mehr mit ihr gewechselt«, schimpfte sie 1993. »In ihrem Buch hat sie so viele Lügen verbreitet. Ich und Mutter haben viel weinen müssen …« Vater Joe Jackson sei zwar sehr streng gewesen, aber mißhandelt habe er seine Kinder nicht. »Meine Eltern sind streng gewesen, sicher. Aber was hätte uns in unserem Leben nicht alles widerfahren können? Neun Kinder! Unsere Eltern haben darauf geachtet, daß wir mit den Füßen auf dem Boden bleiben.«

Jermaine Jackson

Der Zoff, den Jermaine mit seinem Vater Joe hatte, stand meistens mit der musikalischen Laufbahn von Jermaine in Verbindung. Jermaine, der Michaels Rolle als süßer Knirps im Mittelpunkt der Jackson 5 wohl nie recht verwinden konnte und mit seinem Talent durchaus selbst das Zeug zum Star der Truppe gehabt hätte, sah in seinem Solovertrag mit Motown endlich eine eigene Perspektive. Und als die Jackson-Brüder gemäß dem Willen des Vaters von Motown zur Konkurrenzfirma Epic Records wechselten, blieb Jermaine lieber bei Berry Gordys Motown – und kehrte der Familienband den Rücken. Das hatte natürlich noch einen weiteren Grund: Jermaine war mit Gordys Tochter verheiratet. Aber auf diese Weise glaubte sich Jermaine gegen den mächtigen Vater durchsetzen zu können. Und auch als Jermaine Jahre später Motown ebenfalls verließ, unterschrieb er nicht bei Epic Records, sondern ging zu deren Konkurrenten Arista.
Ob Jermaines im Herbst 1990 erschienene Single als eine Art Friedensangebot an Papa Joe gedacht war? Die Platte hieß »Don't Take It So Personal« …

»Control«
Alles unter Kontrolle

Das Album »Control« sollte Janet den künstlerischen Durchbruch bescheren – aber sie nutzte diesen Einschnitt in ihrer Musikerlaufbahn auch dafür, ihr Privatleben besser in den Griff zu bekommen. Sie setzte sich nicht nur gegen den Widerstand von Vater Joe Jackson durch, der ja gegen die Zusammenarbeit mit Jimmy Jam und Terry Lewis gewesen war. Sie schaffte auch ansonsten den Wandel vom Mädchen zur Frau. Und sie räumte mit einigen Überbleibseln aus ihrer manchmal etwas chaotischen Vergangenheit auf.

»Vor zehn Jahren«, erinnerte sich Janet 1995 in einem Interview, »hatte ich gerade eine kurze, törichte Ehe hinter mir. Ich suchte nach einer Orientierung. Oder besser nach einer neuen Orientierung.« Und diese Orientierung fand sie – in sich selbst. Eigenständig traf sie nun alle Entscheidungen, die ihre Karriere, ihr Privatleben, ihre Pläne betrafen. Und sie fühlte sich wohl dabei. »Bis dahin«, erzählte sie, »hatte ich mich von anderen leiten lassen. Das waren alles herzensgute Menschen, aber niemand verstand mich, während ich nun begann, mich selbst zu verstehen. Die Musik meiner Anfangszeit war für meinen Geschmack zu sehr ›bubble gum‹, Kaugummi-Pop. Ich wollte mich damit auseinandersetzen, um das heillose Durcheinander meiner aufgestauten Gefühle loszuwerden. Ich wollte ernst genommen werden.«

Dabei stand sie sich – als die äußeren Widerstände einmal überwunden waren – vor allem selbst im Weg. Denn wie jedem anderen Mädchen fiel es auch ihr schwer, die bevorstehenden Veränderungen für sich zu akzeptieren, tatsächlich anders als bisher aufzutreten, zu fühlen, zu denken. »In mancher Beziehung«, gab Janet später zu, »war ich noch immer das umsorgte, beschützte kleine Mädchen.«

Doch es war in Wirklichkeit niemand mehr da, der sie beschützte. Oder genauer: Es war niemand mehr da, von dem sie beschützt werden wollte. Da kamen Jimmy Jam und Terry Lewis gerade recht. Nicht als Beschützer, sondern als Antreiber, als Katalysatoren für ihre weitere Entwicklung. Janet: »Die beiden waren derb und ungehobelt. Sie schockierten mich – und ich brauchte ein bißchen Zeit, um mich daran zu gewöhnen.«

Auch die Heimatstadt der Studioprofis war gewöhnungsbedürftig für das Mädchen aus Gary/Indiana. Jimmy Jam und Terry Lewis lebten und arbeiteten damals wie heute in Minneapolis. Hier, in der Millionenmetropole des Mittleren Westens, hatten sie sich ihr kleines Reich eingerichtet: die Flyte Tyme Productions – ein Komplex aus Büroräumen und Studios in einem der Gewerbegebiete der Stadt, untergebracht in modernen Konstruktionen aus Glasbausteinen, beherrscht von kühler Transparenz und mit Neon beinahe steril ausgeleuchtet.

Hierher war Janet Jackson als begabter Backfisch gekommen – und hatte die Studios mit einer Platte verlassen, die einen großen Schritt dahin bedeuten sollte, sich als Sängerin der Extraklasse, als moderne Frau und emanzipierter Popstar in aller Welt zu etablieren. Doch nicht alles verlief so reibungslos, wie es im nachhinein erscheinen mag: Zunächst fühlte Janet sich eher unwohl, nachdem sie die ersten Tage in Minneapolis verbracht hatte.

Janet: »So allein auf mich gestellt in Minneapolis, hatte ich einige heikle Begegnungen mit Männern – auf der Straße, im Kino. Es gab Zeiten, da wollte ich einfach nur

Die neuen Produzenten sollten der Schlüssel zu Janets Erfolg werden – und ein Schlüssel-Ohrring wurde zu »Control«-Zeiten eines ihrer Erkennungszeichen.

zurück nach Hause.« Doch sie blieb und biß sich durch. Und sie nutzte die Verunsicherung, die aufkeimende Angst und den Druck, die Einsamkeit, die Sehnsucht nach Ruhe und Geborgenheit für ihre Arbeit an der Platte. »Ich ließ mich nicht unterkriegen«, gab sie sich noch zehn Jahre später im Interview mit dem Journalisten David Ritz selbstbewußt, beinahe trotzig. »Ich habe diese beinahe traumatischen Erfahrungen emotional in meinen Songs verarbeitet. Ich habe versucht, die Angst in Energie umzuwandeln. Damals habe ich das erste Mal begriffen, daß ich Kontrolle gewinnen muß – zuerst über mich selbst und dann über das, was ich mit meiner Musik ausdrücken will.« Aber sie gibt auch zu: »Leicht war's nicht.«

Lohn der Mühe

Aber Janets Sprung ins kalte Wasser hat sich gelohnt. Gleich die erste Nummer der CD, der Titelsong »Control«, räumte mit ihrem alten Image als nettes Mädchen auf. Hier sang keine ferngesteuerte Pop-Mieze – keine, deren größte Leistung es war, zufällig als kleine Schwester eines Weltstars auf die Welt gekommen zu sein. »Control«, also die Kontrolle, wollte sie haben – Kontrolle über sich selbst.

»Nasty«, also garstig und unflätig, wollte sie sein können. Alles drehte sich nun um »The Pleasure Principle«, um das Prinzip Freude: Gut ist, was dir Spaß macht. Und schließlich die Frage: »What Have You Done For Me Lately« – Was hast du eigentlich wirklich für mich getan? Die Titel der Songs auf dieser Platte wirkten wie ein Aktionsprogramm in eigener Sache.

Für ihren Vater mußten diese Songs und ihre jugendlich-provokativen Texte, die so angriffslustig mehr Freiheit forderten, wie eine musikalische Ohrfeige wirken. Doch warum sollte Joe Jackson das erspart bleiben, was den meisten Vätern irgendwann einmal blüht? Auch prominente Kinder, das mußte er in diesem Jahr 1986 lernen, werden erwachsen und rebellieren gegen ihre Eltern und die Regeln, die sie aufstellen.

»Mit ›Control‹ wollte ich zeigen, daß ich nicht das Barbie-Püppchen bin, das manipuliert wird«, beschrieb sie später noch einmal ihre Ziele einem Reporter gegenüber. »Du mußt verstehen, daß es nicht einfach ist, als Jackson aufzuwachsen. Man ist vielen Zwängen unterworfen, steht ständig unter Beobachtung und muß einem Bild entsprechen, das die Öffentlichkeit von einem hat. Deshalb auch der Titel: Kontrolle – über mein Leben. Die habe ich jetzt. Nun geht's darum, mir meinen Platz im

Leben zu suchen. Ich will beweisen, daß man Musik für die Massen machen und dabei etwas Ernsthaftes und Wichtiges sagen kann.«

Mit dem Album »Control« platzte bei Janet Jackson offenbar der Knoten – und das Bild paßt gar nicht mal so schlecht zu den Ereignissen nach der Veröffentlichung dieser Platte.

Fünf Millionen Exemplare wurden verkauft, und in den Hitparaden vieler Länder kletterte das Album bis in die Top Ten. Zu Hause in den USA erreichte »Control« am 5. Juli 1986 Platz eins der Charts – und damit stellte Janet sogar einen Rekord auf: Nach Stevie Wonder, der im Alter von 13 Jahren die amerikanischen Hitlisten angeführt hatte, wurde sie wenige Wochen nach ihrem 20. Geburtstag zur zweitjüngsten Künstlerin an der Spitze der US-Charts.

Doch sie hatte wohl kaum Zeit, diesen kuriosen Titel zu feiern, denn sie war gefragt wie nie zuvor. Janet Jackson galt nun weltweit als eine der führenden Sängerinnen einer neuen Form von tanzbarer Popmusik, die mit einem kräftigen Schuß Soul eingefärbt war und geschickt auf effektvolle Sounds, treibende Rhythmen, klare Melodien und eine technisch hochklassige Produktion setzte. Vor diesem Hintergrund begann sich auch Janets Stimme, bis dahin meist ein Schwachpunkt ihrer Musik, zu entfalten.

Und schließlich stimmte die »Verpackung« von Janet Jacksons Musik endlich mit dem Inhalt überein: Passend zu den edel abgemischten und meist ziemlich forsch wirkenden Arrangements und den frecheren Inhalten der Texte, wandelten sich auch das Aussehen und das Auftreten der Sängerin.

Zu einem Mittelpunkt ihrer Videos und ihrer Konzerte wurde bald die Choreographie, zu der sich Janet von athletischen Tänzern umrahmen ließ. Mit erstaunlicher

Heiß, schnell und sexy – so präsentiert sich Janet Jackson auf der Bühne.

Präzision schufen sie die zupackende Atmosphäre, die ausgezeichnet zu Janets neuen, kraftstrotzenden Popsongs paßte. An der imposanten Bühnenshow hatte Paula Abdul einen großen Anteil.

Janet hatte das hübsche Mädchen als Freundin ihres Bruders Jackie Jackson kennengelernt. Die beiden verstanden sich auf Anhieb, und als sich herausstellte, daß Paula eine ausgezeichnete Tänzerin und Choreographin war, engagierte Janet sie für die Gestaltung der Tanzparts ihrer Auftritte.

Als Paula Abdul später übrigens auch als Sängerin Erfolg hatte und mit einigen internationalen Hits stilistisch recht deutlich an die Musik ihrer einstigen Chefin erinnerte, machten schnell Gerüchte die Runde, die beiden hätten sich deswegen zerstritten. Beide dementierten, und Janet meinte: »Ich schickte ihr Blumen, als sie Nummer eins war, und sie schickt mir welche nach meinen Charts-Erfolgen.«

»The Sound of Music«

Jimmy Jam und Terry Lewis

Bekannt wurden Jimmy Jam und Terry Lewis als Mitglieder der Band The Time. Doch die Gruppe hielt nicht allzu lange – und außerdem gab es für Sammler von Time-Platten manchmal unangenehme Überraschungen: Ein Trio aus Italien veröffentlichte 1984 unter beinahe demselben Namen ganz und gar nicht dieselbe Musik: Als Time setzten zwei hübsche Sängerinnen und ein ehemaliger Radiomoderator aus Mailand auf Italo-Dancepop – als The Time avancierten sieben Herren plus Prince zu einem der heißesten Black Music Acts aus Minneapolis.

Prince – der seinen Namen inzwischen ja gegen eine hübsch verschlungene Hieroglyphe ausgetauscht hat – hatte Morris Day, Jimmy Jam, Terry Lewis, Jesse Johnson, Monte Moir, Jerome Benton und Jellybean Johnson in seiner Heimatstadt »entdeckt«, hatte ihnen einen Vertrag besorgt und ihnen auch bei der Produktion der Platten unter die Arme gegriffen. An der Musik zum Prince-Film »Purple Rain« waren The Time ebenfalls beteiligt, doch gleich nach der Premiere des Streifens gab Time-Mastermind Morris Day seinen Ausstieg bekannt. Damit war die Band zunächst einmal am Ende.

Jahre später wurde bekannt, wie sich die Trennung damals hinter den Kulissen von »Purple Rain« schon angebahnt hatte. Denn zunächst soll sich Prince mit Terry Lewis und Jimmy Jam zerstritten und angeblich die beiden daraufhin aus der Band geworfen haben. Ganz verwunden hatten Jam und Lewis den Streit auch

Jahre später noch nicht – aber sie packten ihren Zorn in Sarkasmus. »Wir wurden dafür gefeuert, daß wir andere Projekte als The Time produzierten«, plauderte Jimmy Jam dementsprechend spitz. »Es war für uns natürlich ein trauriger Tag, da wir The Time liebten und gern in einer Gruppe spielten. Heute haben wir Verständnis dafür, weil es von Prince aus einfach eine Busineß-Entscheidung war und kein persönlicher Angriff. Letzten Endes hat es sich für alle Beteiligten als positiv erwiesen. Prince verhalf uns mit The Time zum Start, indem er uns bei der Suche nach einem Plattenvertrag unterstützte, und er verhalf uns zu unserer Produzentenkarriere, indem er uns hinauswarf. Ich kann mich also nicht über ihn beklagen!«

Und da hatte er zweifellos recht: Jimmy Jam – im Paß steht James Harris III. – und Terry Lewis hätte aus heutiger Sicht nichts Besseres passieren können. Plötzlich hatten die beiden Zeit – und sie nutzten sie nicht nur, um sich aus dem Schatten des allgegenwärtigen Musikmoguls Prince zu befreien, sondern sie überflügelten dabei auch gleich alle ehemaligen Time-Kollegen. Schnell erwies sich das Team Jam & Lewis als fixes und begabtes Gespann, das als Songwriter- und Produzentenduo ein sicheres Gespür für gutverkäufliche Black Music hatte.

Als sich The Time im Herbst 1990 zeitweilig wieder zusammenfand, konnten Jimmy Jam und Terry Lewis ihren staunenden Kumpels eine ansehnliche Galerie musikalischer Erfolge vorführen: Mehr als zwei Dutzend Plattenpreise in Gold und Platin dokumentierten den Sonderstatus, den die beiden mittlerweile in der amerikanischen Musikszene genossen. Und auch das Gebäude, in dem diese Preise an der Wand hingen, konnte sich sehen lassen. In einem weitläufigen Bürogebäude in einem der nicht sehr malerischen Industriegebiete von Minneapolis hatten sich Jam und Lewis ein kleines Reich geschaffen: die Produktionsfirma Flyte Tyme Productions, die Flyte Tyme Studios und den Musikverlag Flyte Tyme Tunes.

Wer die beiden umtriebigen Macher in ihrem flachen, langgezogenen Gebäude besuchte, fand dann auch keine halb verkaterten Chaoten in Jeans und T-Shirts – Jimmy Jam und Terry Lewis setzten auf auffallend gepflegtes Äußeres. Sorgfältiges Styling war schon eine Art Markenzeichen der Band The Time gewesen, und so erwarteten die Erfolgsproduzenten ihre Gesprächspartner in feinem Zwirn, mit weißem Hemd und Krawatte, das dünne Bärtchen haargenau in Form gebracht, die dunkle Sonnenbrille akkurat auf dem Nasenbein und kerzengerade sitzendem edlen Hut.

Hinter der schnieken Fassade dreht sich noch heute alles um die Liebe zur Musik – und das beinahe unabhängig von der jeweiligen Stilrichtung. Natürlich: Jam und Lewis wurden mit brodelnder Tanzmusik bekannt, und ihre ersten erfolgreichen Jobs als Produzenten hatten sie für Soulpopper Alexander O'Neal – ebenfalls ein bekennender Anhänger von Anzug und Krawatte – und für die musikalisch nur mäßig gesegnete Millionärsgattin Pia Zadora, deren Konfektionspop sie mit treibenden Rhythmen einigermaßen auf Vordermann brachten. Und natürlich war die Zusammenarbeit mit Janet Jackson diejenige, die ihnen endgültig den Weg in den Olymp der amerikanischen Pop-Produzenten öffnete.

Doch längst können es sich Jimmy Jam und Terry Lewis leisten, nicht mehr nur nach Hitparaden-Plazierungen zu schielen, wenn sie sich ans Mischpult setzen.

Und so hat das 1991 von den beiden gegründete Label Perspective Records genau den richtigen Namen: Für diese Firma, so hatten es sich die Produzenten-Stars vorgestellt, würden sie sich keine musikalischen Grenzen setzen – erlaubt sei, was gefalle.

Das Konzept ging schnell auf. Wer hätte auch etwas anderes erwartet, wenn Jam und Lewis daran gebastelt haben? Im Juli 1991 meldete die Hamburger Plattenfirma Polydor: »Al Cafaro, CEO und Präsident von A & M Records, hat in Hollywood die Vertragsunterzeichnung mit dem neuen Label von Jimmy Jam und Terry Lewis bekanntgegeben. Der Sitz von Perspective Records wird in Minneapolis sein. Außerdem wird Perspective Records ein Büro bei A & M Records in Hollywood haben. Geplant sind jährlich ca. sechs LP-Veröffentlichungen von Künstlern, deren Musik ein breites Spektrum zeitgenössischer Musikstile wie Pop, Gospel und Rhythm & Blues umfassen wird.«

Gleich mit der ersten Produktion machten Jam und Lewis deutlich, wie breit sie dieses Spektrum anlegen wollten: »The Evolution Of Gospel« hieß das Perspective-Debüt – aufgenommen mit den Sounds Of Blackness, einem 30köpfigen Chor plus zehnköpfiger Begleitband aus Minneapolis, der schon seit Jahren zu den Highlights der lokalen Szene gehörte. »Die Sounds«, erzählte Jimmy Jam damals in einem Interview, »verkörpern genau die Bandbreite, die wir mit unserem Label anbieten wollen – uns geht es einfach nur um gute Musik, ohne zu sehr auf Kategorien zu achten.«

Der »Musikexpress« lobte die Platte des Gospelensembles recht überschwenglich: »Sounds Of Blackness präsentieren auf ihrem mittlerweile auch in Deutschland veröffentlichten Album ›The Evolution Of

Gospel‹ einen brillanten Querschnitt der afroamerikanischen Musikszene, von Gospel über Rhythm & Blues bis Hip-Hop.«

Damit gab der Autor der Zeitschrift auch dem Gespür der beiden Amerikaner recht. Denn für Jam und Lewis waren die Sounds Of Blackness alte Bekannte. »Wir«, sagte Jimmy Jam, »sind mit den Sounds aufgewachsen.« Und auch der prominenteste Jam/Lewis-Schützling lernte die Fähigkeiten des vielköpfigen Ensembles zu schätzen. Jam: »Als wir vor ein paar Jahren zusammen mit Janet Jackson eines ihrer Konzerte besuchten, gefiel es auch Janet so gut, daß wir uns die Frage stellten, warum die Sounds Of Blackness noch keinen Deal hatten.«

Wenig später hatten sie einen. Und die Produktion mit den inzwischen weltweit anerkannten Jungs aus Minneapolis erfüllte für die Mitglieder der Sounds Of Blackness alle Erwartungen, die sie wohl auch zur Vertragsunterschrift verleitet haben dürften. So schwärmte Gary Hines, der Chef der Formation, hinterher: »Die Arbeit mit Jimmy und Terry war für uns wie ein wahr gewordener Traum – auf vier Stücken haben sie selbst mitgespielt. Alle Welt redet von ihren Fähigkeiten als Produzenten. Dabei sind sie auch erstklassige Musiker.«

Und sie verdienen erstklassig mit ihrer erstklassigen Arbeit. Der finanzielle Aufwand für die schicken Anzüge und den weitläufigen Bürokomplex bringt sie jedenfalls nicht um den Schlaf – das machen eher die ständigen Plattenproduktionen selbst. Denn in der Regel tüfteln Jimmy Jam und Terry Lewis bis morgens um vier oder fünf Uhr in den heiligen Hallen der Flyte Tyme Productions. Einen großen Teil ihrer stattlichen Einkünfte stecken sie umgehend wieder in die Firma: Die Studios in Minneapolis wirken beinahe wie der Ausstellungsraum eines Studiotechnik-Anbieters – das Neueste, Beste und eben auch Teuerste scheint gerade gut genug zu sein.

Doch keine Bange: Jam und Lewis behalten noch ein paar Dollar für sich. Im Fall von Jimmy Jam reicht das Taschengeld immerhin dazu aus, eine kleine Ferrari-Flotte zu unterhalten.

Janet tourt durch die USA

Von der Klasse der neuen Janet-Jackson-Show konnten sich die Landsleute der Sängerin schon überzeugen, als die LP »Control« erst allmählich die US-Hitparade hinaufkletterte und den bevorstehenden riesigen Erfolg noch nicht erwarten ließ. Im März 1986 besuchte Janet mit ihrem Troß 13 amerikanische Städte, um mit Auftritten und Interviews für ihre neuen Songs zu werben. Und wer sie traf, wer sie erlebte, rieb sich verwundert die Augen: Diese junge Frau, attraktiv und selbstbewußt, sollte der Backfisch sein, der noch zwei Jahre zuvor schüchtern in die Kamera gelächelt hatte, das Gesicht von spätem Babyspeck dominiert, die Haare ein zerzauster Jungmädchen-Schopf, die dünne Stimme leise und verschreckt?

Auf der Bühne dokumentierte sich der erstaunliche Wandel noch deutlicher: Plötzlich schien Janet fast zu bersten vor Energie, sie tanzte ausgelassen und wirkte in all ihren Gesten bestimmend, fordernd und offensiv. Sex war in ihren Texten inzwischen kein nebulöses Mysterium wie aus dem Poesiealbum einer Elfjährigen – Sex war zu einem Instrument geworden, das Janet gekonnt einsetzte, um ihre von Studiotechnik beherrschten Songs mit Leben zu füllen.

Währenddessen wuchs sich der Erfolg der LP »Control« allmählich zu einer kleinen Sensation aus. »Control« konnte sich beinahe ein ganzes Jahr lang unter den 200 meistverkauften Langspielplatten der Vereinigten Staaten behaupten – 24 Wochen lang stand die LP sogar in den US-Top-Ten. Damit längst nicht genug: Mit »What Have You Done For Me Lately«, »Nasty«, »When I Think Of You«, »Let's Wait Awhile«, »Pleasure Principle« und dem Titelsong »Control« wurden gleich sechs (!) Singles aus dem Album in den US-amerikanischen »Black-Music«- und

»Singles-Hot-100« zu Nummer-eins-Hits; ein weiteres Indiz für die Ausnahmestellung, die sich Janet mit ihrem Album erobert hatte. Und noch ein Rekord fiel für sie ab: Als erste Sängerin brachte sie das Kunststück fertig, mit fünf Singles aus einem einzigen Album jeweils unter die fünf meistverkauften Platten in den USA zu kommen.

Dafür heimste Janet natürlich auch jede Menge Preise ein, die Amerikas Musikindustrie beinahe körbeweise über ihr ausschüttete. So wurde sie 1987 unter anderem für drei Grammies und sieben American Music Awards nominiert. Und auch das Gespann Jimmy Jam und Terry Lewis, dem die Sängerin ihren triumphalen Durchbruch zu einem großen Teil zu verdanken hatte, ging nicht leer aus: Jam und Lewis wurden 1987 zu Amerikas »Produzenten des Jahres« gekürt.

Janet revanchierte sich für die Ehrungen auf ihre Art: Als sie Anfang des Jahres als Stargast der Verleihungsgalas zu sehen war, nahm sie den geladenen Gästen mit ihren sehenswerten Auftritten beinahe den Atem. Und auch die Fans, die sich die Live-Übertragung zu Hause vor den Bildschirmen ansahen, waren sich einig: Besser hatten sie Janet noch nie gesehen.

Janet Jackson ruft die »Rhythm Nation« aus

Never change a winning team – für ihre CD »Rhythm Nation 1814« hielt sich Janet Jackson an diese vielzitierte Binsenweisheit aus dem Sport. 1988 tat sie sich für die Produktion erneut mit ihren bewährten Partnern Jam und Lewis zusammen und reiste für die Aufnahmen zur Platte nach Minneapolis, wo die beiden ihren ohnehin schon eindrucksvollen Studiokomplex noch weiter ausgebaut hatten. Die beiden besessenen Soundtüftler steckten einen großen Teil des Geldes, das sie dank des großen Erfolgs von »Control« verdient hatten, gleich wieder in ihre Studiotechnik – und so kamen Janet Jackson die eindrucksvollen Verkaufszahlen von »Control« indirekt gleich noch einmal zugute.

In dieser High-Tech-Umgebung lief das eingespielte Trio nun ein weiteres Mal zu Hochform auf. Und als am 7. Oktober 1989 mit »Miss You Much« die erste Single aus dem damals noch unveröffentlichten Album auf Platz eins der US-Charts schoß, konnten sich die drei erfreut die Hände reiben: Die Erfolgsgeschichte der Janet Jackson ging also weiter.

Musikalisch stellte »Rhythm Nation 1814« das erfolgreiche Vorgänger-Album sogar deutlich in den Schatten. Das Repertoire wirkte breiter gefächert – und Janet glänzte in allen Songs als hörbar gereifte Pop-Entertainerin der Sonderklasse, ob mit Balladen wie »Come Back To Me« oder knackigen Dancefloor-Nummern wie »State Of The World«. In ihren Texten hatte Janet ebenfalls an Profil gewonnen. Noch ein wenig deutlicher ging es um das Thema Sex – und erstmals stellte Janet nun auch soziales Engagement bei einigen der neuen Songs in den Mittelpunkt.

Sie sang nun plötzlich gegen Drogenmißbrauch und das

Elend, das dadurch nicht nur in den USA ausgelöst wird. Wie war sie denn darauf gekommen – nach all den Liebesliedern der vergangenen Jahre? »Diese Idee«, erzählte Janet damals, »habe ich schon seit ein paar Jahren. In Amerika gibt es so viele schlimme Dinge: Prostitution, Drogenmißbrauch, Kindesmißhandlung. Wir müssen uns alle viel stärker anstrengen, etwas dagegen zu tun. Und diese Platte soll mein erster Schritt in diese Richtung sein.«

Sie prangerte soziale Mißstände an und versuchte, die Phantasie ihrer Fans zu Gedanken über eine schönere, bessere Welt anzuregen. Damit traf sie den Nerv ihrer Generation – obwohl sie sich bewußt war, mit Liedern allein die Mißstände nicht beseitigen zu können: »Ich weiß, daß ich als einzelne die Welt nicht verändern kann. Doch denjenigen, die am Rande der Gesellschaft stehen, kann ich vielleicht eine positive Richtung weisen.«

In diesem Zusammenhang packte sie auch ihr bisher spektakulärstes Videoprojekt an. 1989 suchte sie nach Ausdrucksformen, die zum aktuellen Album und den sozialkritischen Ansätzen einiger der darauf enthaltenen Songs besser paßten als ein gewöhnlicher Video-Clip. »Da das Album eine so deutliche Botschaft hat, wollte ich nicht einfach ein weiteres vierminütiges Video drehen«, erklärte Janet später. »Ich spürte, daß ein langes Feature notwendig war, doch wir hatten eigentlich keine Zeit dazu.« Und als sie sich mit ihrem Team schließlich doch die Zeit dazu nahm, entstand ein etwa 30 Minuten langes Video über das Konzept der »Rhythm Nation«, das sehenswerte Tanzszenen, eine interessante Story und packende Bilder zu einem ebenso unterhaltenden wie ambitionierten Kurzfilm verbindet.

Ein bißchen bei Bruder Michael abgekupfert: Janets Fantasy-Militäroutfit für »Rhythm Nation«.

Janet und die Politik

Auch politisch zeigte sie sich zunehmend interessiert – eine Entwicklung, die bei Janet bis heute anhält. »Ich habe ihn gewählt«, meinte sie 1993 über US-Präsident Bill Clinton, »und ich hoffe, daß er uns in eine bessere Zukunft führt. Er muß Amerika vor dem Untergang retten.« Und später gab sie sich überzeugt davon, daß es für jeden Menschen wichtig sei, eine eigene politische Ansicht zu haben und sie auch nach außen hin klar zu zeigen: »Ich glaube, daß jeder ab einem gewissen Alter eine klare Meinung vertreten muß, weil er ein Mitglied dieser Gesellschaft ist. Jede Stimme hilft, eine Entscheidung zu treffen. Auch Kinder müssen das früh von ihren Eltern mitbekommen – meine Eltern haben das leider versäumt.«

Janet hatte also großen Nachholbedarf – und sie engagierte sich vor allem seit der Veröffentlichung von »Rhythm Nation 1814« auch in Interviews deutlicher. »Was ich in diesem Land fordere, ist, daß Kinder an Probleme herangeführt werden müssen«, erklärte sie einmal: »Man muß ihnen schon in der Schule klarmachen, daß sie zum Beispiel nur Safer Sex praktizieren sollen, weil sie sich sonst infizieren können. Was die Abtreibungsdebatte in den USA betrifft: Ich finde, daß Frauen das Recht auf freie Entscheidung für oder gegen Abtreibung haben sollten.«

Ein weiteres Thema, das sie sehr stark beschäftigte, war der Rassismus, der auch in den Vereinigten Staaten noch immer in den Köpfen vieler Landsleute sitzt. »Ich erlebe täglich Diskriminierung, weil ich schwarz bin«, sagte sie einmal. Und sie fügte hinzu, was sie fast noch mehr stört: »Sobald die Menschen erkennen, wer ich bin, fließen sie wie klebriger Honig dahin. Das ist beschämend und tut weh. Wir sind doch alle nur Menschen, haben alle ein

Nicht nur auf der Bühne kann Janet entschlossen schauen – auch im Alltag nimmt sie ihre politischen Ansichten sehr ernst.

Herz, einen ganz individuellen Charakter. Oder glauben die anderen, daß Gott sie mehr liebt? Das kotzt mich an!«

Die Unterdrückung der farbigen Amerikaner sieht sie als ein Übel, das man am besten an der Wurzel ausrotten sollte – mit Änderungen in der Schulpolitik und in den Lehrplänen. »In meiner Schulzeit«, erinnerte sie sich 1993, »wurde die Geschichte der Schwarzen kaum erwähnt. Es gab im Geschichtsbuch vielleicht zwei Absätze über Martin Luther King, einen Absatz über Malcolm X und ein bißchen etwas über Sklaverei. Ich glaubte deshalb anfangs, daß meine Vorfahren allesamt Sklaven gewesen wären! Das ist traurig, weil unsere Geschichte tiefer geht – auf ›unserem‹ Kontinent waren wir auch Könige und Königinnen …«

Doch Janet hat wenig Hoffnung, daß solche Änderungen im Lehrplan tatsächlich durchgeführt werden könnten. Im Gegenteil: »Ich habe das Gefühl, daß wir uns ein bißchen zurückbewegen – daß die Spielarten des Rassismus immer krasser werden. In Irland zum Beispiel gibt es zwar keine Schwarzen, aber dafür kämpfen die Katholiken gegen die Protestanten. Wie lange wird es wohl noch dauern, bis Rothaarige gegen Blonde und Blauäugige kämpfen?«

Janets Verbitterung wird regelmäßig geschürt. Denn auf Schritt und Tritt wird sie in den Vereinigten Staaten an ihre Hautfarbe erinnert. Als Kind riefen ihr auf dem Heimweg von der Schule weiße Passanten »Nigger« hinterher, und mit versteinerter Miene erinnert sie sich, daß sie in den vornehmen Geschäften von Beverly Hills erst bedient wurde, als sie eine Verkäuferin als Mitglied der berühmten Jacksons erkannt hatte. Sogar vermeintliche Freundlichkeiten hatten oft ihren Pferdefuß – wenn zum Beispiel ein Verkäufer lächelnd auf sie zukam und hilfsbereit zu ihr sagte: »Kommen Sie, Lady, ich zeige Ihnen, wo wir die billige Ware haben.«

Janet Jackson hat aus solchen Erlebnissen 1989 ihre ganz persönliche Lehre gezogen – und ihre Erfahrungen in die Texte und die Musik des Albums »Rhythm Nation 1814« einfließen lassen: »Mit meinem Album habe ich versucht, über meine Texte der Jugend näherzukommen, ihre Probleme zu erfassen und auszudrücken. Ich versuche, einen kleinen Anteil daran zu leisten, diese Entwicklung zu stoppen. Wir Künstler haben auch eine soziale Verantwortung.«

Ein Plattentitel voller Symbolik

So engagiert wie in einigen der Texte und in ihren Interviews hatte sich Janet auch gezeigt, als es darum gegangen war, einen passenden Titel für die CD zu finden. Der Name »Rhythm Nation 1814« wird vor allem von einer symbolischen Anspielung beherrscht – und sie läßt dieses Album von Janet Jackson trotz aller Kritik als ein überaus heimatverbundenes, beinahe patriotisches Werk erscheinen.

Denn im Jahr 1814, das im Titel genannt wird, schrieb ein amerikanischer Dichter namens Francis Scott Key ein Gedicht, das später landesweite Berühmtheit erlangen sollte. Key war am 1. August 1779 in einem Nest namens Frederick County an der Ostküste der Vereinigten Staaten geboren worden. Als Key am 11. Januar 1843 in Baltimore starb, galt er als renommierter Poet – doch einer seiner Texte sollte ihn an Ruhm bei weitem überdauern: »The Star-Spangled Banner«, das erwähnte, 1814 geschriebene Gedicht, war ein glühendes Loblied Keys auf seine amerikanische Heimat. Und schließlich wurde die reichlich pathetische Ode an das im Wind flatternde Sternenbanner 1931 zum Text der offiziellen Nationalhymne der Vereinigten Staaten erklärt.

Damit mußten sich die Amerikaner endlich nicht mehr hinter den europäischen Staaten verstecken, die damals schon längst ihre Liebeserklärungen an Volk und Vaterland schmetterten. Und noch rechtzeitig vor Ausbruch des Zweiten Weltkriegs konnten die US-Amerikaner in den Chor der Nationen einfallen – neben »God Save the Queen« oder »Deutschland über alles« konnte nun auch »the home of the brave« eingängig besungen werden.

Daß Janet Jackson nicht allein dem in den USA sehr tief verwurzelten Nationalstolz die Ehre erweisen wollte, kann man sich denken. Ihr ging es eher darum, an die staatstragende Tradition zu erinnern – und gleichzeitig mit ihrer Musik eine Art Gegenregierung aufzubauen: die Herrschaft von Groove und Melodie, von Freiheit durch ausgelassenes Tanzen und unzweideutige Texte. Nicht weniger als die Rhythm Nation proklamierte sie für die Jugend der USA – und angesichts der eindrucksvollen Verkaufszahlen der CD muß sie damit wohl den Nerv der Zeit getroffen haben.

Ach, übrigens: Ein besonders eifriger Hobbydetektiv fügte der »Akte« um die CD von Janet Jackson noch eine Anmerkung hinzu. Demnach stehen auch die Buchstaben, mit denen die Worte »Rhythm Nation« beginnen, in Zusammenhang mit der geschichtsträchtigen Jahreszahl 1814: R ist der 18., N der 14. Buchstabe des Alphabets. Und so kann man manchmal mehr Geheimnisse aus einem einfachen CD-Titel herauslesen, als hineingeschrieben wurden …

Ein anderer Aspekt war von Janet Jackson sehr wohl mit Bedacht berücksichtigt worden: »1814«, sagt sie, »war auch das Jahr, in dem Frauen der Unterricht über die achte Klasse hinaus erlaubt wurde.« Und damit hatte die Emanzipationsbewegung in den USA einen Meilenstein auf dem Weg zur Gleichberechtigung gesetzt – denn ohne fundierte Ausbildung, das galt damals wie heute, bleiben die beruflichen Chancen auch in den Vereinigten Staaten von Amerika meist sehr gering. Und Janet, die sich trotz ihres Sonderstatus als Popstar für die Rechte der amerikanischen Frauen einsetzt, sagt: »Das war für mich der wichtigste Aspekt dieser Jahreszahl 1814.«

Janets erste Welttournee

Zwar beherrschten die Songs aus der im Herbst 1989 veröffentlichten CD »Rhythm Nation 1814« noch das ganze Jahr 1990 hindurch die Hitparaden und Radioprogramme rund um den Globus. Doch noch viel bemerkenswerter war die bis dahin größte Tournee, zu der Janet mit dem Repertoire ihrer aktuellen LP ansetzte und die zugleich die erste Welttournee der Sängerin war. Monatelang wurde die Tour vorbereitet, und allmählich nahm die Vorfreude der Fans in manchen Ländern schon beinahe hysterische Züge an.

Am 1. März 1990 war es dann endlich soweit: In der Miami Arena in Florida fiel der Startschuß zu Janet Jacksons »The Rhythm Nation World Tour«. Das erste Konzert ging vor 15 000 begeisterten Fans glanzvoll über die Bühne – Janet und ihr vielköpfiges Team entfachten ein spektakuläres Feuerwerk aus Sound- und Lichteffekten, aus sehenswerten Tanzeinlagen und nicht zuletzt aus einem vor Hits strotzenden Songrepertoire. Der Kritiker der großen amerikanischen Tageszeitung »USA Today« zeigte sich ebenfalls beeindruckt: »Es ist die scheinbar unerschöpfliche Energie von Janet Jackson, die diese Show vorantreibt«, staunte der Journalist. »Dreh- und Angelpunkt des Konzerts sind die rasiermesserscharfen Tanzchoreographien – funkiger als Michael Jacksons Tanzeinlagen, präziser als die von Prince.« Und er blieb beileibe nicht der einzige Reporter, der nach dem Ende der letzten Zugabe an diesem Abend wahre Lobeshymnen an seine Redaktion faxte. »Das Konzert war Tanzdemonstration und Songpräsentation zugleich«, lobte die »New York Times«.

Und das Branchenmagazin »Billboard« jubelte: »Janet Jackson erfüllte mit nahezu perfekter musikalischer

Begleitung und zahlreichen Tanznummern die Erwartungen jener Fans, die ihre Videos live erleben wollten.«

Der Aufwand, den Janet Jackson im Vorfeld betrieben hatte, war aber auch gewaltig gewesen. An die vier Millionen US-Dollar, so hieß es hinter den Kulissen, hatte die ehrgeizige Amerikanerin in die Produktion ihrer Live-Show gesteckt. Dafür war eine futuristische Bühnenkonstruktion entworfen, waren die komplizierten Tanzschritte aus den Video-Clips mit einem halben Dutzend Dance-Profis einstudiert und Sound- und Lichttechnik vom Feinsten zusammengestellt worden.

In den Tagen vor der Tournee-Eröffnung in Miami standen die örtlichen Medien völlig kopf. Zahlreiche Reporter stöberten nach Einzelheiten zu den bevorstehenden Super-Shows, mehrere Fernsehstationen ließen sogar mit Kameras ausgestattete Hubschrauber über die Nobelviertel von Miami fliegen, um vielleicht die Villa zu entdecken, in der sich die Familie Jackson vor den Auftritten eingemietet hatte. Sie entdeckten sie zwar nicht, aber einer der Reporter fand den Preis heraus, den die Jacksons für ihre zeitweilige Bleibe bezahlten: 2000 Dollar Miete – pro Tag.

In der Miami Arena kochte die Stimmung dann bereits über, als Mutter Katherine Jackson die Szene betrat und sich mit einigen ihrer Kinder auf den Weg zu ihren VIP-Plätzen machte. Michael Jackson – vermutlich verkleidet irgendwo im Publikum – wurde zwar nicht gesichtet, dafür begrüßten die Fans Janets Kollegin Whitney Houston mit großem Geschrei.

Das Vorprogramm des Abends – bestritten vom musikalischen Direktor der Janet-Jackson-Tournee, Chuckii Booker – ging beinahe im erwartungsvollen Jubel der Massen unter. Und als Janet endlich tatsächlich auftauchte, waren die Zuschauer vollends aus dem Häuschen.

Ausgefallene Kostüme – für ihre Tourneen ist Janet das Schrillste gerade gut genug.

Standesgemäß ließ sich die Sängerin von einem Metallgerüst aus dem Bühnenkeller hinaufhieven – zu den Klängen ihres Songs »Pledge« von der aktuellen CD »Rhythm Nation 1814«. Von sechs Tänzern, zwei Chorsängerinnen und einer siebenköpfigen Band begleitet, zog Janet an diesem Abend eine Show der Superlative ab, die sie danach in der ganzen Welt unter dem Jubel ihrer Fans wiederholen sollte.

Weniger bejubelt wurde nur der Auftritt eines schwarzen Panthers, den Janet sozusagen als lebendes Requisit mit auf Tournee genommen hatte. Das edle Tier sollte zwar tatsächlich Aufmerksamkeit erregen – doch schließlich wurde es aus einem ganz anderen Grund zum Mittelpunkt der Show: Irritiert durch die grellen Lichter und das tosende Geschrei der Fans pinkelte der Panther mitten auf die Bühne.

Der tierische Auftritt brachte Janet außerdem beinahe eine Anzeige ein: Ein Tierfreund wollte die wenig artgerechte Haltung des Panthers nicht mehr länger mit ansehen und »überredete« Janet dazu, die Raubkatze an jemanden abzugeben, der ihr ein ruhigeres Zuhause bieten konnte. »Nun lebt er auf einer Ranch, wo es sehr schön ist für ihn«, verriet sie später in einem Interview. »Ich besuche ihn natürlich, sooft ich kann.«

Zunächst aber mußte sie diese Besuche verschieben: Die Welttournee ging natürlich weiter. Doch für das Leben »on the road« wurde sie gründlich entschädigt – wie im April 1990.

Als sie nämlich in Dearborn im US-Bundesstaat Michigan ein Konzert gab, war auch ein anderer prominenter Amerikaner in der Stadt: Präsident George Bush sah sich zwar nicht Janet Jacksons Auftritt an – aber die beiden trafen sich an diesem Tag dennoch, in der örtlichen Nobelherberge, dem Ritz Carlton Hotel. Und Bush lobte die Sän-

Voller Konzentration wirbelt Janet Jackson durch ihre Mega-Show. Die Zuschauer – egal ob normale Fans oder Promis – sind begeistert!

gerin wegen ihrer »vorbildlichen aufklärerischen Arbeit«. Vor allem eine Botschaft hatte ihm gefallen: »Macht euren Schulabschluß und nehmt keine Drogen!« hatte Janet immer wieder betont.

Ohnehin schwebte sie in diesen Wochen auf Wolke sieben, denn ganz Amerika schien an einer Art Janet-Jackson-Fieber zu leiden. In Los Angeles, der an Stars und Sternchen ja nun wirklich gewöhnten Millionenmetropole an der Westküste, waren innerhalb von 48 Minuten (!) alle Tickets für die dort geplanten vier Konzerte von Janet Jackson restlos vergriffen. Am 20. April wurde in L. A. sogar eine »Janet Jackson Week« ausgerufen – und zum Auftakt der sieben Feier-Tage wurde die Sängerin auf dem

Janet auf dem »Walk of Fame«

Der »Walk of Fame« in Los Angeles ist so etwas wie eine »Open-air-Ruhmeshalle« der amerikanischen Prominenz. Dabei begann alles mit einem Zufall. Am 18. Mai 1927 spazierte die amerikanische Schauspielerin Norma Talmadge den Hollywood Boulevard entlang und erlebte vor Grauman's Chinese Theatre eine böse Überraschung: Mit ihren schönen Schuhen war sie in feuchten Beton getreten und hatte einen tiefen Fußabdruck hinterlassen. Doch Sid Grauman, der Betreiber des Theaters, war ihr gar nicht böse – das Mißgeschick brachte ihn auf die Idee, solche Fußabdrücke künftig als ehrenvolle Auszeichnung an ausgewählte Promis der Showbranche zu verleihen. Und wenig später wollten alle VIPs ihren Fußabdruck am Hollywood Boulevard hinterlassen – integriert in eine Bodenplatte, in die außerdem ein mit dem Namen der Stars versehener Messingstern eingearbeitet ist.

Janet Jackson wurde als 1911. Showgröße auf diese Weise die Ehre des ungewöhnlichen Denkmals am »Walk of Fame« zuteil – ihre Bodenplatte befindet sich in der Nähe der Home Savings Bank in der Vine Street. Übrigens wurde auch jener Mann geehrt, der es den Amerikanern ermöglichte, zahlreiche ihrer Stars mit Füßen zu treten: Sid Grauman erhielt 1948 einen Spezial-Oscar für seine originelle Idee.

Janet mit ihrem Stern auf dem »Walk of Fame«.

berühmten »Walk of Fame« mit einem Stern verewigt. Und überall in ihren Konzerten wurden Prominente gleich scharenweise im Publikum gesichtet. Ein kleiner Auszug aus dem »Who's Who« der Janet-Jackson-Fans: Arnold Schwarzenegger, Sylvester Stallone, Guns N'Roses, Michael Douglas, Whitney Houston, MC Hammer, Berry Gordy, Quincy Jones, Spike Lee, Don Johnson, Jane Fonda, Lionel Richie, Sting ...

Ein Triumphzug mit Unterbrechung

Auch im Ausland wurden die Konzerte der hübschen Amerikanerin begeistert aufgenommen. In Japan zum Beispiel konnte Janet sich im Mai während einer fünftägigen Tour kaum vor ihren Fans retten, alle Konzerte waren ausverkauft. Dementsprechend ausgelassen war die Stimmung dann auch, als sie ihren 24. Geburtstag im Land der aufgehenden Sonne feierte. Die Party hätte übrigens kaum in passenderem Rahmen stattfinden können – Janet ließ sich ausgerechnet im Disneyland in Tokio gratulieren. Wer weiß, vielleicht stammte der Tip von Bruder Michael Jackson, der ja bekanntermaßen ein eingefleischter Fan der diversen Disneylands und Disneyworlds überall auf dem Globus ist und extra für diese Mammut-Freizeitparks auch schon Songs komponierte und Videos produzieren ließ.

Sei's drum: In Japan stellte es sich jedenfalls als clever heraus, daß sich Janet und ihre Mitarbeiter zuvor den Kopf darüber zerbrochen hatten, wie sie die »Janetomania« im Vorfeld noch ein bißchen anheizen könnten. Und so hatte sich Janet Jackson einverstanden erklärt, einen Werbespot für die Fluggesellschaft Japan Airlines zu drehen, der vor Tourstart im japanischen Fernsehen lief. Damit war die Amerikanerin schon Wochen vor dem ersten Konzert in Fernost ein Gesprächsthema, und die Jugendlichen rannten den Verkäufern der Janet-Jackson-Tickets fast die Türen ein.

Im August mußte sie dann einen herben Rückschlag hinnehmen. Inzwischen war Janet wieder aus dem Fernen Osten zurückgekehrt und gab weitere Konzerte in den Vereinigten Staaten. Doch als die Fans am 4. August 1990 zur ersten von zwei geplanten Live-Shows in Saint Louis im Bundesstaat Missouri pilgern wollten, erreichte sie die schlechte Nachricht: Beide Auftritte waren kurzfristig abgesagt worden. Der Grund: Janet Jackson hatte über Kopfschmerzen geklagt, und der untersuchende Arzt hatte daraufhin festgestellt, daß die Sängerin an einer Mittelohrentzündung litt. Damit war nicht zu spaßen – und Janet wurde umgehend ins beste Krankenhaus der Stadt gebracht und dort behandelt. Die Fans verfolgten ihre Krankengeschichte gespannt. Recht schnell ging es ihr wieder besser – dennoch mußten noch weitere Konzerte abgesagt werden, bevor sie sich wieder auf der Bühne feiern lassen konnte.

Während ihrer späteren Karriere hatte sie noch einoder zweimal Probleme mit ihrer Gesundheit. Doch einen richtigen Schrecken jagte ihr erst ein Erlebnis ein, das sie 1994 hatte: »Ich kam mit Schmerzen ins Krankenhaus. Meine Blutwerte stimmten nicht, und kein Arzt konnte mir sagen, warum. Ich war in Panik und felsenfest davon überzeugt, Krebs zu haben. Vier Tage lang lebte ich in dieser Ungewißheit. Man kann sich kaum vorstellen, was für schreckliche Gedanken einem da durch den Kopf jagen. In diesen Momenten wird einem klar, was im Leben Priorität hat. Es stellte sich heraus, daß es nur eine Niereninfektion war. Aber seither achte ich auf meine Ernährung und mache meine Übungen.«

Auf Janets Ernährung achtet außer ihr selbst auch noch Ricardo, ihr Leibkoch. »Er versorgt mich, egal, wo ich bin«, freute sie sich 1995. »Ich esse nur vegetarisch, dabei viel Fisch. Öl, Butter und Salz sind von der Speisekarte gestrichen. Es ist falsch zu glauben, daß man abnimmt, wenn man wenig ißt. Ich esse mindestens drei Mahlzeiten. Aber keine nach 19 Uhr.«

Der Preis des Ruhms – aber Janet scheinen ihre Bodyguards nichts auszumachen.

Spenden für arme College-Kandidaten

Den amerikanischen Teil ihrer Welttournee beendete Janet am 15. und 16. September mit zwei begeistert gefeierten Konzerten in New York – und mit einer sehr noblen Geste. Der Hilfsorganisation »The United Negro College Fund« überreichte sie als großzügige Spende einen Scheck über rund eine halbe Million Dollar. Gesammelt hatte Janet Jackson dieses Geld durch ein Benefiz-Konzert: Den Erlös einer ihrer New Yorker Live-Shows stellte sie dem Hilfsfonds zur Verfügung. Die Spende an den »United Negro College Fund« erreichte die Richtigen: Schon mehrfach hatte sich Janet Jackson für die Gleichberechtigung von Frauen und Afroamerikanern stark gemacht. In beiden Fällen führte der Weg zur Emanzipation und zu einer besseren Position in der leistungsorientierten US-Gesellschaft fast ausschließlich über die Möglichkeit, gute Schulen zu besuchen und sich über die High School, das College und einen akademischen Abschluß alle beruflichen Chancen zu eröffnen. Der »United Negro College Fund« hilft mit, solche Aufstiegsmöglichkeiten auch für farbige Kinder aus ärmeren Familien zu schaffen, indem er diese Kinder finanziell unterstützt. Janet gründete schließlich sogar eine eigene Stiftung, die Geld von ihren Einkünften für wohltätige Zwecke abzweigte. »25 Cents von jedem Konzertticket gehen an diese Jugendlichen«, erzählte Janet später von dieser Aktion. »Ich habe ständig das Gefühl, daß ich etwas wiedergutmachen, etwas von meinem Erfolg abgeben müßte. Denn meine Fans haben meine Karriere ermöglicht. Ich will denen helfen, die mich bewundern. Den Erlös aus einem meiner letzten Konzerte habe ich der ›Liz-Taylor-Aids-Stiftung‹ gespendet, weil ich weiß, daß Liz sehr, sehr krank ist und sich nicht mehr richtig darum kümmern kann.«

Janet in Europa

Die Konzerte von Janet Jackson in Europa wurden mit großem Aufwand angekündigt. Und als Janet am 8. Oktober in Berlin endlich ihr Deutschlanddebüt feierte, lagen ihr die Fans in der gutbesuchten Eissporthalle schon nach den ersten Tönen begeistert zu Füßen. Die Zuschauer staunten über den aufwendigen Bühnenaufbau, die raffiniert installierten Hebebühnen, die stimmungsvolle Light-Show, die perfekt auf die Musik abgestimmten Einlagen der Tänzer – und natürlich über die Songs selbst, die Janet Jackson auch in Deutschland einen Verkaufserfolg nach dem anderen beschert hatten.

Gleichgültig, wo Janet in diesem Oktober 1990 in der Bundesrepublik auftrat – ihre Fans machten jedes ihrer Konzerte zum Triumph. Und Janet bedankte sich für den herzlichen Empfang mit tollen Shows in der Hamburger Sporthalle (9. Oktober), in der Münchner Olympiahalle (23. Oktober), in der Frankfurter Eissporthalle (24. Oktober) und schließlich noch in der Düsseldorfer Philipshalle (28. Oktober).

Zwischendurch hatte sie noch ein bemerkenswertes Gastspiel in London gegeben: An mehreren Abenden hintereinander stand sie dort auf der Bühne des jeweils ausverkauften riesigen Wembley-Stadions.

Janet und Michael

Mit ihrer CD »Rhythm Nation 1814« und der atemberaubend verlaufenen Welttournee hatte sich Janet Jackson endgültig als internationaler Top-Star etabliert. Sogar die riesigen Erfolge, die ihr Bruder Michael Jackson seit Jahren feierte, schienen für Janet nun in Reichweite zu sein.

Die eindrucksvolle Karriere ihres Bruders Michael verfolgte Janet ohnehin stets mit besonders großem Interesse. Und häufig erlebte sie seine Produktionen hautnah mit – als Zuschauerin im Studio.

Auch an jenem denkwürdigen Tag im Januar 1984, als ihr Bruder vor laufenden Kameras beinahe ums Leben gekommen wäre, war sie vor Ort. Michael drehte damals einen Werbespot für den amerikanischen Limonadenkonzern Pepsi. Zu den Klängen seines Hits »Billy Jean« tänzelte Jackson eine imposante Showtreppe hinunter und lächelte in die Runde – da passierte es: Zwei Kanister einer Nebelmaschine explodierten. Michael Jackson kam der Stichflamme, die daraufhin emporschoß, zu nahe, und seine Haare, mit Pomade und Haarspray getränkt, fingen fast sofort Feuer. »Ich erlebte die Szene sozusagen hautnah mit«, erinnerte sich Janet. »Jeder im Saal glaubte zunächst, es handle sich um einen besonders spektakulären Spezialeffekt, aber ich wußte sofort, daß da was schiefgegangen war.«

Michael zeigte zunächst keine Reaktion, obwohl er eigentlich vor Schmerzen hätte starr sein müssen. Er sang und lächelte weiter, ging noch ein paar Schritte die Treppe hinunter. Einigen Zuschauern war inzwischen bereits klargeworden, daß es sich hier nicht um einen aufwendigen Gag handeln konnte – und ihre aufkeimende Hysterie steckte die anderen im Raum schnell an. Immer mehr Zu-

Preis für den Bruder, Küßchen für die Schwester: 1993 überreicht Janet ihrem Bruder einen seiner zahlreichen Grammys.

schauer begannen zu kreischen. Nur Michael selbst behielt äußerlich die Ruhe, wirkte wie abwesend, schlug wie beiläufig den Kragen seiner Jacke hoch – und dann brach er am Fuß der Showtreppe zusammen. Janet: »Ich rannte sofort zu ihm hin und bekam einen Schreikrampf – es war schrecklich!

Er lag auf dem Boden und zuckte mit den Beinen, weil er so furchtbare Schmerzen hatte. Und ich sah diese riesige Wunde an seinem Kopf ... Er tat mir so leid, ich mußte die ganze Zeit weinen ...«

Auch das Filmteam und einige Anwesende aus Michaels stattlichem Begleittroß stürmten auf den am Boden liegenden Star zu. Am schnellsten war Mike Brando, Sohn des berühmten Filmschauspielers Marlon Brando, der für Michael als Leibwächter arbeitete: Er erreichte Michael Sekunden nach dem Sturz und machte sich sofort daran, die Flammen auf dessen Kopf zu löschen. Er schaffte es – mit schlimmen Folgen für sich selbst: Mike Brando verbrannte sich durch die Rettungsaktion seine Hand. Kaum war Michael im Brotman-Krankenhaus in Los Angeles einigermaßen versorgt und körperlich über das Schlimmste hinweg, erkundigte er sich auch schon nach dem Befinden seines Retters.

Dieser Zwischenfall machte Janet schlagartig bewußt, daß alle Sicherheitsmaßnahmen dieser Welt auch sie und ihre Familie nicht vor einem solchen Unglück schützen können – und die Wochen nach Michaels Unfall führten ihr obendrein vor Augen, wie hemmungslos selbst ein so lebensbedrohlicher Zwischenfall weltweit für Schlagzeilen ausgeschlachtet wurde.

Magazine rund um den Globus berichteten in markigen Worten von Michaels Unglück. Dazu kursierten Fotos, auf denen Michael auf dem Balkon seines Krankenhauses an der Brüstung stand und mit einer Hand das »Victory«-Zeichen zu seinen unten wartenden Fans machte – das einzige, was aus einem weißen Leintuch herausragte, mit dem Michael seinen Oberkörper verbarg. Und die deutsche Boulevardzeitung »Bild« druckte »das erste Interview nach dem Kopf-Brand«.

Jedenfalls illustrieren die Sorge Janets um ihren Bruder und der im gleichen Jahr immer wieder in Interviews offenbarte Ehrgeiz der jüngeren Schwester, die Erfolge Michaels in der Musikszene eines Tages zu übertreffen, das Verhältnis der beiden ganz gut. Einerseits bewunderte Janet ihren Bruder beinahe grenzenlos für sein Talent, für seine Selbstdisziplin und den Familiensinn, den er damals trotz all seiner Verpflichtungen an den Tag legte – und andererseits war jeder neue Erfolg von Michael ein weiterer Ansporn, es dem Bruder, dem Vater, der Familie, eigentlich der ganzen Welt einmal so richtig zu zeigen und aus eigener Kraft alle bisherigen Rekorde in der Musikszene zu brechen. Und die meisten dieser Rekorde wurden inzwischen eben von Michael gehalten.

Janet machte nie einen Hehl daraus, daß sie ihren Bruder am liebsten übertreffen würde: »Ich will den Rekord meines Bruders brechen und mehr Alben verkaufen, als er es je getan hat. Sein Name steht im ›Guinness-Buch der Rekorde‹, und eben dorthin will ich auch. Ich bin einfach ehrgeizig.« Aber zugleich sagte sie über Michael voller Bewunderung und Respekt: »Mein Bruder ist ein lustiger Typ. Er liebt Zeichentrickfilme von Walt Disney. Er dachte sich eigene Geschichten zu Disneys Figuren aus und erzählte mir richtige Märchen. Das Leben Walt Disneys interessierte ihn besonders. Ihn faszinierte seine Präzision.« Und fügte hinzu: »Ich mag es nicht, wenn ich negative Dinge über Michael lese, denn er ist ein sehr lieber Kerl, die netteste Person, der man nur begegnen kann. Ich glaube nicht, daß er das verdient. Ich kümmere mich nicht mehr um die Gerüchte, die ich über ihn lese. Das verletzt nur.«

Besonders die anhaltenden Gerüchte um Michaels Freundschaft zu kleinen Jungen bereiteten Janet und dem

Rest der Familie Kummer. An den Vorwürfen, Michael habe sich an Jungs vergangen, sei nichts Wahres, versicherte sie immer wieder. »Fast alle seine Freunde sind Kinder. Das ist nicht seltsam – er liebt Kinder einfach, unsere ganze Familie tut das. Der Grund? Na ja: Kinder wissen noch nicht, wie man betrügt, lügt oder manipuliert. Und ich finde es sehr traurig, daß sie aufwachsen und alle diese Dinge mit der Zeit lernen.«

Auch Janet mußte Unangenehmes lernen – so etwa, mit der kaum verhüllten Häme vieler Medien zu leben, die mit Spott auf ihre Erfolge und auf die ihres Bruders reagierten. Ein beliebtes Thema war in diesem Zusammenhang auch die Frage, ob Janet und Michael Stammgäste in den Kliniken namhafter Schönheitschirurgen seien. »Ich habe mir nur die Nase neu machen lassen«, konterte Janet diese Frage einmal. Und sie konnte daran nichts Schlimmes finden: »Wenn du dich zu dick fühlst, nimmst du ab, wenn deine Zähne schief sind, läßt du dir eine Klammer verpassen.« Außerdem fand sie das ganze Getue ohnehin ziemlich verlogen. Denn, so betonte sie in einem Interview: »Wenn man alle Menschen aus Hollywood entfernen würde, die sich haben operieren lassen, wäre es nicht mehr das gleiche Hollywood. Jeder macht es. Ich ließ mir mit 15 Jahren meine Nase richten. Es gibt eben doch ein paar Dinge, die man im Fitneßstudio einfach nicht wegbekommt. Meine Freundinnen haben bei sich damals alle etwas verändern lassen.«

Mit der Frage nach Schönheitsoperationen schien Janet auch weiterhin kein Problem zu haben: »Jeder, der mich ehrlich fragt, kriegt auch eine ehrliche Antwort.«

Fernsehduell in Deutschland

Doch zum Glück tauchten Janet und Michael nicht nur in der Gerüchteküche auf – auch in den Charts kämpften sie jetzt oft gleichzeitig um die Spitzenplätze.

Michael soll seiner Schwester Janet einen guten Ratschlag mit auf den Weg gegeben haben: »Was immer du machst, gib dein Bestes!« Janet nahm sich den Rat zu Herzen. Das tat sie dann allerdings so gründlich, daß Michael ihr 1995 nicht mehr viel voraushatte in puncto Popularität. Die Konkurrenz mit der Schwester machte ihm aber offenbar mächtig Spaß – und so kam es 1995 zu einem zeitversetzten »Fernsehduell« der beiden. Sieben Monate, nachdem Janet in der ZDF-Sendung »Wetten, daß ...« als umjubelter Stargast aufgetreten war und mit einigem Aufwand und einer sehenswerten Bühnenshow einen glänzenden Eindruck von ihren Entertainer-Fähigkeiten hinterlassen hatte, sagte auch Michael für ein Gastspiel in »Wetten, daß ...« zu – es sollte sein erster Auftritt in einer deutschen Fernsehshow überhaupt werden. Empfohlen habe ihm die Sendung angeblich seine Schwester Janet – sie sei, so hieß es, von den ZDF-Leuten sehr beeindruckt gewesen.

Als Michael am 4. November in Duisburg eintraf, wo das von seinen Fans sehnsüchtig erwartete Kurzkonzert stattfinden sollte, wurde schnell klar, daß er für seinen Auftritt keine Mühen scheute. Und so machte Michael sein Erscheinen in der ZDF-Show gleich in mehrfacher Hinsicht zu einem denkwürdigen Ereignis: Sein brandneuer »Earth Song« feierte hier vor laufenden Kameras seine öffentliche Uraufführung – und im Hintergrund der Bühne drängelte sich ein aus 80 (!) Sängern bestehender Begleitchor.

Doch mit einem einfachen Trick nahmen Michael und Janet allen, die nun die Story einer erbitterten Feindschaft

Paradiesvögel unter sich: Nach ihrem Auftritt bei »Wetten, daß ...« plaudert Janet mit Showmaster Thomas Gottschalk.

zwischen den beiden eng befreundeten Geschwistern konstruieren wollten, den Wind aus den Segeln: Für den Video-Clip »Scream« taten sie sich im Studio und vor der Kamera zusammen. Janet: »Wir wollten das eigentlich schon immer einmal machen. Für mich stand allerdings fest, daß ich erst ein Video mit ihm produziere, wenn ich selbst etwas auf die Beine gestellt habe. Ich wollte den Menschen zeigen, daß Janet Jackson nicht nur ein kurz aufleuchtender Stern im Showbusineß-Himmel ist, sondern dort einen festen Platz hat. Es hat unglaublich viel Spaß gemacht, mit Michael zu arbeiten. Er denkt extrem professionell.«

Die CD »janet.«

Auch für die Aufnahmen ihres nächsten Albums, »janet.«, verfolgte sie konsequent den schon 1986 mit »Control« eingeschlagenen Weg, in immer mehr Phasen einer Plattenproduktion selbst die Fäden in der Hand zu halten.

Sie betreute gemeinsam mit den bewährten Partnern Jimmy Jam und Terry Lewis die Studioarbeit, sie schrieb an allen Songs mit – und auch der Umstand, daß sie erneut ausnahmslos alle Gesangsparts auf der Platte selbst übernahm, dürfte ihr Selbstbewußtsein insgeheim noch gestärkt haben. Denn mehr noch als die eigentliche Führungsstimme fordern die verschiedenen Parts des Begleitchors Vielseitigkeit und Professionalität von einem Sänger. Obendrein bewies Janet als fleißige Background-Sängerin in eigener Sache auch, daß sie ihre Arbeit als Musikerin ernst nahm und sich nicht nur die Jobs im Rampenlicht herauspickte.

Doch immer mehr fand sie Gefallen an der Rolle der Koproduzentin, die sie so umreißt: »Die einfachste Art, das Produzieren zu beschreiben, ist, es mit der Arbeit eines Regisseurs zu vergleichen, der ein Stück neu inszeniert. Man muß genau wissen, was man will, bevor man ins Studio geht und etwas aufnimmt: die gesamte Struktur des Songs, wie er klingen soll, welche Instrumente man einsetzen möchte. Aber nicht nur welche Instrumente, sondern auch welchen Sound man von ihnen haben will.«

Die Platten-»Regisseurin« Janet Jackson konnte prominente Gastmusiker begrüßen – darunter eine sehr ungewöhnliche Duettpartnerin: Die weltberühmte Operndiva Kathleen Battle sang gemeinsam mit Janet das Stück »This Time«.

Janet Jackson und Kathleen Battle hatten sich 1987

MTV Video Music Awards 1994: In New York gewinnt Janet in der Kategorie »Bestes Video« mit ihrer rockigen Produktion »If«.

während der Grammy-Verleihung kennengelernt, wo beide als Stargäste auf der Bühne standen – und zunächst hatte sich Janet vor dem direkten Vergleich mit der stimmgewaltigen Opernsängerin beinahe gefürchtet. »Ich mußte nach ihr auf die Bühne. Sie war so toll gewesen, und ich dachte nur: ›O Gott, und danach kommen wir!‹ Ich habe ihr auch gesagt, wie toll ich sie fand. Ich habe sie nie vergessen können, und ich wollte unbedingt einmal mit ihr zusammenarbeiten. Und unser Song – sehr rockig, irgendwie aber auch funky – hat ihr gut gefallen.«

Sexuelle Befreiung nach Noten

Die Mühe, die sich Jimmy Jam, Terry Lewis und Janet Jackson mit dem Album gaben, zahlte sich wieder einmal aus – und keiner der Studiogäste mußte sich für seine Beteiligung an dieser CD schämen.

Der Sound war noch effektvoller, die Beats waren noch aggressiver, die Arrangements noch interessanter geworden. Und die Songs – raffiniert zwischen modernem Dancefloor-Pop und Erinnerungen an den Motown-Soul ausbalanciert – brachten Janets Stimme hervorragend zur Geltung.

Und auch die Texte hatten es in sich, wirkten erotischer als alles, was Janet bis dahin gesungen hatte. Janets Erklärung leuchtete ein: »Ich singe hier vorwiegend Songs über die Liebe – es ist eine echte Frauenplatte. Es geht um Leidenschaft, starke Gefühle, Besessenheit. Ich bin überzeugt, daß Männer nicht so tief lieben können wie Frauen. Dafür können wir auch extremer hassen!« Und ihre »Frauenplatte« legte Janet dann auch voller Gefühl an: »Ich wollte etwas schaffen, das musikalisch ganz anders ist, mit Texten, die sich auf mein Leben beziehen. Ich wollte Gefühle ansprechen, die ich vorher musikalisch ausgeklammert hatte. Diesmal sollte alles sinnlicher und erotischer sein ...«

Das ist ihr auch gelungen – und wie: In einem der neuen Songs, »Throb«, präsentierte sich Janet Jackson in ungewöhnlicher Eindeutigkeit und untermauerte damit noch ihr ohnehin freizügiger gewordenes Image.

Im Hintergrund ist ihr Stöhnen zu hören, und auch der Text kommt ohne große Umwege zur Sache. Auch während der Interviews nahm sie zu diesem Thema nun kein Blatt mehr vor den Mund: »Ich finde es geil und aufregend«, sagte sie, »wenn mich fremde Männer auf der Straße anstarren. Früher war ich prüde. Jetzt fühle ich mich frei. Sex ist für mich der Motor meiner Kreativität geworden. Heute sehne ich mich nicht mehr nach Sex, sondern nehme ihn mir einfach.«

»Poetic Justice« – Janet im Film

Das Album »janet.« und die frecheren Töne der Sängerin waren allerdings nicht das einzige, was im Jahr 1993 die Aufmerksamkeit der Fans erweckte. Vor allem die amerikanischen Fans durften staunen: Ihr Idol war zum erstenmal in einem Kinofilm zu sehen. »Ich habe schon als Kind als Schauspielerin gearbeitet«, erinnerte sie ihre Anhänger noch einmal. »Und es war immer ein Traum von mir, nach meinen Anfängen in Fernsehserien irgendwann mal in einem Hollywood-Streifen aufzutreten. Jetzt hat mich der Filmvirus befallen, und nach meiner Konzerttournee stehen wohl weitere Filme auf dem Programm. Später werde ich mir hoffentlich noch einen weiteren Kindheitstraum erfüllen können – einen Auftritt am Broadway.«

Doch zunächst durfte sie voller Stolz auf den ersten Spielfilm verweisen, in dem sie eine Hauptrolle übernommen hatte. Unter der Regie von John Singleton spielte sie die Titelfigur in der melancholischen Großstadtkomödie »Poetic Justice«. Und auch wenn sich Janet nicht unbedingt in unmittelbare Gefahr brachte, für einen Oscar als beste Schauspielerin nominiert zu werden, bot ihr Auftritt doch immerhin sehr solides Darstellerhandwerk. Zunächst mußte sie jedoch zehn Kilogramm zulegen, weil sie für die Rolle nicht pummelig genug war. »Das Zunehmen war einfach«, meinte sie später lachend. »Chips, Hamburger, Sandwiches mit viel Majo und Käse ... Aber das Übergewicht später wieder loszuwerden ...«

Die Story des Films: Irgendwo im Süden der Inner City des Millionenmolochs Los Angeles lebt die hübsche Friseuse Justice. Sie schlägt sich einigermaßen durch und kommt mit ihrem Alltag in wenig malerischer Umgebung weitgehend zurecht – bis sie mitansehen muß, wie ihr

Freund von einer brutalen Straßengang erschossen wird. Die beiden haben es sich im Autokino gerade auf dem Rücksitz seiner Limousine bequem gemacht, da fallen einige Typen über das ahnungslose Pärchen her, ballern drauflos – und die völlig schockierte Justice muß wenig später unter dem blutenden Leichnam ihres Freundes hervorkriechen.

Von nun an kapselt sich Justice völlig von ihrer Außenwelt ab. Tagsüber vergräbt sie sich in ihrer Arbeit und läßt scheinbar nichts mehr an sich heran. Und abends geht sie schnurstracks nach Hause, setzt sich mit einer Tüte Chips auf die Couch und schlägt ihre freie Zeit vor dem Fernseher tot. Den brutalen Mord versucht sie zu verdrängen – und wenn sie es gar nicht mehr aushält, verarbeitet sie die Gedanken um den toten Freund und die Mutter, die im Delirium Selbstmord begangen hat, in Gedichten. Den jungen Postboten Lucky, der sich in sie verliebt, läßt sie zunächst abblitzen.

Nach einer Weile sieht Justice keinen anderen Ausweg aus ihrer verfahrenen Lebenssituation mehr, als der Großstadt Los Angeles den Rücken zu kehren – zumindest einmal für einen längeren Urlaub. Gemeinsam mit ihrer Freundin Iesha (gespielt von Regina King, die schon in John Singletons vielgelobtem Debütfilm »Boyz'n the Hood« zu sehen war) packt sie ihre Siebensachen in ihr schon etwas altersschwaches Auto, und die beiden machen sich auf den Weg nach Oakland. Doch schon nach ein paar Kilometern nimmt der Ausflug ein vorläufiges Ende: Die Autobatterie gibt ihren Geist auf.

Als sich die hübschen L.A.-Ladies daraufhin an den Straßenrand stellen, um nach Hilfe Ausschau zu halten, kommt ausgerechnet Justices Verehrer Lucky vorbei: Gemeinsam mit seinem Freund Chicago (Joe Torry aus »House Party III« und »Strictly Business«) ist er ebenfalls

Janet und Tupac Shakur in »Poetic Justice«, Janets Leinwand-debüt.

auf dem Weg nach Oakland. Dort wohnt ein Cousin von ihm, den Lucky oft am Wochenende besucht, um mit ihm zusammen in dessen Heimstudio Rap-Songs aufzunehmen – für den im Grunde sensiblen Lucky ein ähnliches Ventil wie die Gedichte für Justice. Und ein Strohhalm, an dem er sich irgendwann einmal aus seinem trostlosen Großstadtleben herauszuziehen hofft – sich und seine kleine Tochter, um die er sich allein kümmern muß, weil sich die cracksüchtige Mutter für nichts interessiert als für den nächsten Trip.

Natürlich ist Justice nicht gerade begeistert, ausgerechnet im klapprigen Postkombi von Lucky nach Oakland zu fahren, sie läßt sich aber von Iesha beschwatzen, und so setzen sie die Fahrt zu viert fort. Im Wagen kommt es allmählich zu Spannungen: Zunächst geraten sich Lucky und Justice so heftig in die Haare, daß Justice schließlich aussteigt und Lucky die Wagentür vor der Nase zuschlägt. Iesha und Chicago, die sich mittlerweile im Fond des Kombis vergnügt haben, vermitteln, und tatsächlich steigt Justice nach einer Weile wieder ein. Die Streithähne freunden sich auf der langen Fahrt sogar ein wenig an, doch bald darauf knistert es zwischen Chicago und Iesha: Sie ist inzwischen sturzbetrunken und geht ihrem neuen Freund allmählich ziemlich auf die Nerven. Die Kabbeleien eskalieren immer mehr – und schließlich muß sich sogar Lucky zwischen Iesha und Chicago stellen, um Schlimmeres zu verhindern.

Interessanter als die phasenweise etwas dick aufgetragene Story vom Versuch zweier junger Erwachsener, sich ein Leben außerhalb des Ghettos aufzubauen, ist die Liste der an dem Filmprojekt Beteiligten. In verschiedenen Nebenrollen tauchen gleich reihenweise Größen der Rap- und Hip-Hop-Szene auf – darunter Tone Loc, Miki Howard, Dina D. und Q-Tip. Und auch der Partner von Justice/Janet ist für viele Rap-Fans ein alter Bekannter: Die Rolle des verliebten Postboten Lucky hat ein gewisser Tupac Shakur übernommen, der einmal durch eine kurze Affäre mit Pop-Sängerin Madonna in die Schlagzeilen geriet, während der Dreharbeiten in den Vereinigten Staaten bereits jedem Jugendlichen ein Begriff war – und inzwischen auch in Deutschland zumindest als Rapper einen guten Ruf genießt: Unter seinem Pseudonym 2pac (sprich: »tu-pak«) landete er zum Beispiel mit »California Love« einen großen Hit.

In den Vereinigten Staaten gilt 2pac als erfolgreichster Vertreter der »Gangsta-Rapper« – also jener Rap-Musiker, die wie Snoop Doggie Dogg nicht nur am Mikrofon den starken Mann mimen, sondern sich auch ohne Rampenlicht und Blitzlichtgewitter manchmal aufführen wie die Axt im Walde. Schießereien, Schlägereien sind für 2pac und seine Kollegen nichts Außergewöhnliches. Und so wußte er sehr genau, was er in Singletons Film »Poetic Justice« darstellen mußte: einen Ghetto-Boy, der seinen Weg aus dem Rinnstein der Gesellschaft sucht. Das schien er zumindest teilweise geschafft zu haben – bis er im September 1996 ein zufälliges Opfer eines Drive-by-Shooting wurde. Nach einem einwöchigen Todeskampf erlag er am 13. September seinen Verletzungen.

Geboren worden war 2pac im Knast, wo seine Mutter eine Haftstrafe absaß, die sie sich während heftiger Rassenunruhen mit dem Werfen von Molotow-Cocktails eingehandelt hatte. 1995, zwei Jahre nach seinem Filmauftritt in »Poetic Justice«, war er in New York schon einmal auf offener Straße niedergeschossen worden. Die Ärzte holten ihm damals fünf Kugeln aus Kopf und Beinen, sogar die Hoden hatten einen Treffer abbekommen. Die Attentäter wurden zwar nicht erwischt, für Tupac Shakur war aber schnell klar, wer hinter dem Anschlag steckte: Er sah darin die beinahe tödliche Rache seiner einstigen Kumpels aus der New Yorker Gangsta-Szene. 2pac war nach Los Angeles umgezogen – und die Gangs aus New York und Los Angeles hassen sich bis aufs Blut.

Auch 2pac selbst hatte schon mehrfach hinter Gittern gesessen, war wegen Waffen- und Drogenbesitz, wegen einer Schießerei mit verdeckten Ermittlern der Polizei und wegen Vergewaltigung vorbestraft. Tupac Shakur hatte immer seine Unschuld beteuert und war schließlich gegen Zahlung einer Kaution von einer Million Dollar auf freien Fuß gesetzt worden. Doch im Sommer 1996 schon war er wieder im Knast gelandet – er hatte seine Bewährungsauflagen nicht erfüllt.

Sich diesen »netten« Jungen, ohne Zweifel der (Alp-) Traum aller potentiellen Schwiegereltern, neben Janet Jackson vorzustellen, fällt wohl nicht nur dem gestrengen Herrn Papa, Joe Jackson, etwas schwer. Hier die behütet aufgewachsene Prinzessin aus tiefreligiösem Hause – dort der am ganzen Körper tätowierte Ex-Knacki und mutmaßliche Vergewaltiger aus der New Yorker Bronx. Offenbar war auch Janet selbst die ganze Sache nicht ganz geheuer. Das jedenfalls läßt eine der Bedingungen vermuten, die sie für ihre Mitarbeit an »Poetic Justice« stellte: Janet soll verlangt haben, daß Tupac Shakur einen amtlichen Aids-Test vorweist, bevor sie mit ihm für Liebesszenen vor der Kamera zur Verfügung stand.

Ansonsten herrschte bei Janet eitel Freude angesichts des Filmengagements. Regisseur John Singleton kannte sie bereits aus ihrer Jugend: Die beiden hatten dieselbe Junior High School besucht. Jahre später trafen sie sich wieder, als sie zufällig am gleichen Tag dem Regisseur des Peter-Pan-Films »Hook«, Steven Spielberg, einen Besuch am Drehort abstatteten. Janet schüttelte ihrem alten Bekannten sofort die Hand und schwärmte ihm vor, wie sehr sie Singletons Debüt-Kinofilm »Boyz'n the Hood« beeindruckt habe. Sie unterhielten sich noch eine Weile, tauschten ihre Telefonnummern aus und verabschiedeten sich wieder.

Doch während das sonst gerade in Amerika so leicht dahingesagte »I'll call you ...«, ich werde dich anrufen, meist nur eine Floskel ist, um möglichst schnell und elegant das Weite zu suchen, riefen sich Janet und John in den folgenden Wochen tatsächlich immer wieder an. Damals entwickelte Singleton gerade das Konzept für »Poetic Justice«, und als er das Drehbuch fertig hatte, bat er Janet, sich einen alten französisch-italienischen Film mit Sophia Loren aus den 60er Jahren auf Video anzusehen – und schickte der so eingestimmten Janet sein Drehbuch zur Ansicht.

Als sie sich das nächste Mal trafen, fragte er Janet nach ihrer Meinung zu »Poetic Justice«, und sie zeigte sich begeistert und tief berührt von der Geschichte, die Singleton darin erzählte. Daraufhin fragte er sie, ob sie nicht Lust habe, die Titelrolle zu übernehmen, aber sie meinte nur lachend: »Du machst dich wohl über mich lustig ... Niemals!« Doch es war dem Regisseur ernst – und als das Janet klarwurde, sagte sie nach kurzem Überlegen zu.

Im Grunde war dieser Film das Projekt, auf das die Sängerin schon seit Jahren gewartet hatte. Der Gedanke, sich einmal als Schauspielerin zu versuchen, ließ Janet schon seit langem nicht mehr ruhen. Ihr Agent hatte sich ein wenig umgehört. Und als erst einmal durchgesickert war, daß der Popstar einem Kinoauftritt durchaus nicht abgeneigt sei, schickten zahlreiche Produktionsfirmen und Filmemacher ihre Angebote. Kein Wunder, denn ein Film, der mit prominenten Namen aus dem Showgeschäft werben kann, kommt leichter an Sponsoren und tut sich hinterher oft auch an den Kinokassen weniger schwer.

Aber so hoch sich die Drehbücher auch auf Janets Schreibtisch stapelten, das richtige Projekt war nicht dabei. »Keine der Geschichten berührte mich wirklich«, erinnert sie sich. »Kein Film schien zu mir zu passen. Sie waren zu glatt, zu plump, zu gewalttätig – irgend etwas stimmte nie. Irgendwann riet mir jemand, ich solle es doch vielleicht lieber mit einem Musical versuchen. Ich nahm den Ratschlag ernst, aber ich fühlte: Das würde mich in meiner Entwicklung eigentlich nicht voranbringen.«

Doch die Rolle der Friseuse Justice, die mit Gedichten der grausamen Wirklichkeit entfliehen will und sich schließlich doch der Realität stellt, um ihrem Leben eine neue, bessere Richtung zu geben, reizte Janet Jackson ungemein. Und das hatte nicht nur mit dem Part selbst zu tun. John Singleton hatte sich die Gedichte, die Justice im Film schreibt, von der bekannten amerikanischen Poetin Maya Angelou »geborgt« – die Dichterin verlieh dem Film durch ihre Mitarbeit einen Hauch Poesie, der auch Janet Jackson beeindruckte. »Natürlich kann niemand die Gedichte von Maya Angelou so gut und so packend vortragen wie Maya Angelou selbst«, sagte Janet einmal. »Aber ich habe im Film mein Bestes gegeben.« Was auch daran gelegen haben mag, daß sie sich sehr gut mit der Filmfigur Justice identifizieren konnte – trotz allen Erfolgs, trotz ihres Ruhms und trotz ihrer finanziellen Sicherheit. Janet: »Wir haben viel gemeinsam – die Qualen, die sie durchleben mußte, die Gefühle, als sie sich verliebte. Justice drückt ihre seelischen Schmerzen im Film durch Gedichte aus – und ich mache im Grunde mit meiner Musik dasselbe. Darum ging es auch in meiner CD ›Control‹: Ich war verletzt, und ich fühlte mich in gewisser Weise einsam.«

Janet auf dem Weg zur Oscar-Verleihung 1994. – Vielleicht wird sie eines Tages auch diesen Preis bekommen?

Aber wahrscheinlich hätte dieselbe Geschichte, derselbe Film, dasselbe Projekt mit einem anderen Regisseur nicht funktioniert. Denn für Janet war John Singleton nicht nur ein renommierter Regisseur, sondern eben auch ein Freund, dem sie ihre Gefühlswelt mit all ihrer Verletzlichkeit ohne Bedenken öffnen konnte. Und Singleton ging so behutsam mit seiner Hauptdarstellerin um, wie das sein bisheriger Werdegang hatte erwarten lassen. 1991, also erst zwei Jahre vor dem Kinostart von »Poetic Justice« in den Vereinigten Staaten, hatte er mit dem einfühlsamen Ghettodrama »Boyz'n the Hood« auf sich aufmerksam gemacht und war als erster schwarzer US-Regisseur dafür mit zwei Nominierungen für die begehrten Oscars in den Sparten »bester Regisseur« und »bestes Drehbuch« belohnt worden. Mit seinem Erstling schaffte er außerdem das Kunststück, einen Kassenhit zu landen und auch von den Filmkritikern beinahe auf Händen getragen zu werden.

Um so sorgfältiger machte er sich dann auch an die Arbeit zu »Poetic Justice«. Er recherchierte gründlich, nahm sich fast zwei Jahre Zeit für das Drehbuch – und war dann auch ausgesprochen wählerisch, als es um die Besetzung der Hauptrollen ging. Vor allem von der Darstellerin der Justice hatte er bald sehr klare Vorstellungen: »Diese Frau sollte stark sein, aber gleichzeitig verletzlich, sensibel, intelligent. Jede schwarze Schauspielerin, mit der ich sprach, war heiß auf den Part. Aber ich hatte von Anfang an Janet Jackson im Kopf. Ich wußte, daß sie perfekt für die Rolle sein würde.«

Wie gesagt: Janet schlug sich dann auch recht wacker. Zumindest im Vergleich mit anderen Pop-Sängerinnen vor der Filmkamera schnitt sie nicht schlecht ab. Und in den USA bescherte der Streifen John Singleton und Janet Jackson zwar nicht den ganz großen Hit, aber doch einen sehr stattlichen Achtungserfolg: Rund 30 Millionen Dollar spielte der Film an den amerikanischen Kinokassen ein – und sogar einen Preis gab's für die Produktion: Der von London aus weltweit operierende Clip-Kanal MTV verlieh »Poetic Justice« seinen »MTV Movie Award«. In Deutschland schaffte der Film dagegen nicht einmal den Sprung auf die Kinoleinwand – aber immerhin erschien »Poetic Justice« im November 1994 auf Video, und so konnten sich die deutschen Janet-Fans ihren Star als Schauspielerin »nach Hause« holen.

Der Griff zur Videokassette lohnt sich übrigens auch für alle musikalisch aufgeschlossenen Rap-Fans: Der Soundtrack von »Poetic Justice« glänzt mit stilistisch sehr unterschiedlichen Aufnahmen – zu hören sind neben Songs von Coolio (»Smoking Sticks«, »Can A Corn« und »Sticky Fingers«), TLC (»Get It Up«), Ruffneck (»Life Betta«), Naughty By Nature (»Poor Man's Poetry«), Babyfaxe (»Well Alright«) oder Tony! Toni! Tone! (»Waiting For You«) auch Stücke von Soul-Legende Stevie Wonder (»Never Dreamed You'd Leave In Summer«), Country-Sängerin Tammy Wynette (»Stand By Your Man«) oder George Gershwins unverwüstliche »Rhapsody In Blue«. Und natürlich ist auch Janet Jackson im Soundtrack vertreten: Gemeinsam mit ihren Koautoren Jimmy Jam und Terry Lewis steuerte sie den Song »Again« bei.

Für Janet schloß sich am Ende auch noch der Kreis: Die Musikerin auf Hollywood-Törn ließ sich von der Arbeit an »Poetic Justice« zu einem Song inspirieren, der auf »janet.« zu hören ist: »Es gibt einen Song auf dem Album, ›New Agenda‹, der von Maya Angelou beeinflußt ist – dieser bedeutenden Lehrerin und großen Dichterin. Es geht darin um den Stolz der schwarzen Frauen, um ihre Stärken. Und während ich meinen Text singe, spricht der tolle Rapper Chuck D im Hintergrund.«

Janet in Deutschland

Im März 1995 kam Janet Jackson für einige Auftritte nach Deutschland. Den Anfang ihrer kleinen Tournee machte ein Konzert in Berlin (Deutschlandhalle, 14. März). Hamburg (Sporthalle, 16. März) und München (Olympiahalle, 1. April) waren die nächsten Stationen. Und schließlich ging die Stippvisite der Amerikanerin mit Live-Shows in Stuttgart (Schleyerhalle, 11. April), Frankfurt (Festhalle, 13. April) und Dortmund (Westfalenhalle, 15. April) zu Ende.

Zwischendurch hatte sie sich noch die Zeit genommen, als Stargast der ZDF-Samstagabend-Show »Wetten, daß ...?« einige hundert Fans zum Kreischen zu bringen und damit noch ein bißchen die Werbetrommel für ihre aktuellen Songs zu rühren. Doch ihre Konzerte selbst übertrafen alles. Der Sound war brillant, die Show dank der zahlreichen Hits inzwischen zu einer Art Best-of-Gala gereift. Auch mit ihren Kostümen ging Janet gewagter um als je zuvor: Knappe Bustiers und ein Leder-BH bildeten einen aufreizenden Kontrast zu dem überdimensionalen, herzförmig geschnittenen Zylinder auf ihrer weich fallenden Lockenmähne.

Besonders der für Janet Jackson sehr ungewöhnlich arrangierte Popsong »Whoops Now« wurde bei »Wetten, daß ...?« und in den Konzerten lautstark bejubelt. Dabei hätten viele Fans den Song vielleicht nie gehört, wenn er nicht als Single veröffentlicht worden wäre – obwohl er auf der CD »janet.« enthalten war. Allerdings war das Stück gut versteckt: Auf dem CD-Booklet wird der Titel nicht erwähnt, und nach dem letzten genannten Stück ließ Janet eine Pause von rund 20 Sekunden, danach tönt als kleine Extra-Überraschung für geduldige Fans »Whoops Now« aus den Boxen.

Preise, Preise, Preise: 1995 war wieder ein MTV Music Award fällig – diesmal für ihren Schmusehit »That's The Way Love Goes«.

Mit den furiosen Live-Shows wurden die deutschen Janet-Fans übrigens für eine lange Wartezeit entschädigt. Denn zunächst wollte die Amerikanerin schon im Februar 1994 in Deutschland auftreten – pünktlich zum geplanten Start ihres Films »Poetic Justice« in den deutschen Kinos. Doch erst fand sich für den Streifen kein deutscher Verleih, und dann brach Janet im März 1994 während ihres Konzerts in Salt Lake City auf offener Bühne zusammen. Die Sängerin wurde sofort ins Krankenhaus gebracht, die Untersuchung ergab: Lungeninfektion, strikte Bettruhe, 14 Tage Tourneepause.

Doch all das war im März 1995 vergessen und vorbei. Und das Tempo von Janets Live-Show ließ nicht einmal ahnen, daß Janet jemals krank gewesen sein könnte.

Wieder einmal standen natürlich die Tänzer ihrer Tourneetruppe im Mittelpunkt. Und die Frage, wo sie eigentlich stets so glänzend ausgebildete Ballettänzer findet. Wie wird vor Tourneestart die Auswahl getroffen? »Ich mag Boys mit Glatzköpfen«, antwortete sie lachend, wurde dann aber gleich wieder ernst: »Die Auswahl war diesmal sehr schwierig. Es kamen an die 1000 Kids, die vorgetanzt haben. Sie reisten von überall an. Wir bekamen sogar Videobänder aus Japan und London. Erst ein weiteres Vortanzen hat eine Entscheidung gebracht, welche Kandidaten wir nehmen. Ich wollte im wesentlichen sexy wirkende Bewegungen haben, die mit härteren Elementen gemischt sind.« Die bekam sie reichlich.

»VIVA LA DIVA!«

Janet Jackson privat

Heute ist Janet ein international gefeierter Top-Star – und sie hat sich damit genau das eingehandelt, was sie schon als kleines Mädchen am Beispiel ihrer Brüder miterleben konnte: Die Karriere im Musikgeschäft frißt ihre Zeit regelrecht auf. Da bleibt nicht mehr viel Raum für ein vernünftiges Privatleben. »Ich habe fast keine Freizeit«, stimmt sie zu. »Ich gehe gern tanzen, höre viel Jazz und treffe mich mit Freunden. Früher hatte ich ein Pferd, doch ich mußte es hergeben, weil ich es nicht mehr ausreiten konnte. Ich habe es krebskranken Kindern geschenkt.«

Nicht nur das Reiten fiel den Schattenseiten des weltweiten Erfolgs zum Opfer. Die Nachteile sind praktisch Janets ständiger Begleiter: »Es fängt beim Alltäglichen an. Ich kann nicht mehr ohne Bodyguards auf die Straße gehen. Menschen verfolgen mich, starren mich an, wollen mich anfassen.« Eindeutig zu weit ging im Sommer 1992 die Begeisterung zweier »Fans«. Damals machten ihr zwei offenbar Verrückte das Leben schwer. Von einem wurde sie mit Briefen regelrecht bombardiert, in denen er sich als ihr verlassener Ehemann bezeichnete – ein anderer wollte Janet mit vorgehaltener Waffe zu ihrem »Glück« zwingen: »Ich werde dich mit Gewalt zur Mutter meines Kindes machen«, soll er ihr am Telefon gedroht haben. »Eine Pistole habe ich schon!« Der Anrufer entpuppte sich als frisch aus einer psychiatrischen Anstalt entlassen, und auch der Briefeschreiber wurde entlarvt: Es war ein 16jähriger Junge, der ebenfalls vor kurzem noch in einer Nervenklinik behandelt worden war. Janets resignierendes Fazit: »Auch wenn ich am liebsten ohne Bodyguards leben würde, muß ich sie leider immer um mich haben – immer! Das macht mein Leben mühsam. Ich kann ja nicht mal allein shoppen gehen. Also lasse ich mir die Sachen kommen. Die großen Kaufhäuser wie Barney's schicken mir eine Auswahl in meiner Größe nach Hause. Die wissen inzwischen schon, was ich gerne mag: zum Beispiel Prada oder Richard Tyler.«

Doch die wenigen Stunden, die ihr an Freizeit noch bleiben, kann sie immerhin in ausnehmend schöner Umgebung genießen. In Malibu – hier residieren die Promis von Los Angeles, sofern sie es sich leisten können – hat sie sich eine von außen beinahe bescheiden wirkende Villa gekauft. Hier kann sie fast das ganze Jahr hindurch herrliches Wetter genießen, kann sich in die Sonne legen und – tja, wahrscheinlich von einem kühlen Regentag träumen. Denn Janet Jackson verblüfft mit einem für regengeplagte Mitteleuropäer nur schwer verständlichen Wunsch: »Seit ich ein Kind war, liebe ich New York. Ich möchte mir wahnsinnig gerne ein Appartement in Manhattan kaufen. Hier in Malibu ist es das ganze Jahr warm. Ich glaube, New York ist die einzige Stadt, wo ich Kälte ertragen könnte. Und noch etwas möchte ich gerne haben: ein Haus mit Garten und Pool, wo ich rumlaufen und laut sein kann, ohne daß ein Nachbar schimpft. In Malibu leben wir doch alle zu dicht aufeinander. Und es ist zwar sehr schön, das Meer vor der Tür zu haben, aber ich gehe einfach nicht mehr hinein. Es ist mir zu dreckig. Als Michael vor einigen Jahren gleich neben mir wohnte, badeten wir noch ständig im Meer, aber heute ...«

Janets kalifornisches Domizil ist ein einstöckiges Gebäude an der Hauptstraße, das eigentlich wie ein ganz normales Haus wirkt. Niemand würde hinter der vergleichsweise schlichten Eingangstür die Wohnung eines

Megastars erwarten. Und wahrscheinlich bekommt Bruder Michael schon Hautausschlag, wenn er nur daran denkt, daß keine hohen Mauern und – zumindest auf den ersten Blick – keine umfangreichen Sicherheitsmaßnahmen den Zugang zum Haus erschweren.

Luxuriös ist das Gebäude natürlich dennoch ausgestattet – und gesegnet mit einem atemberaubenden Blick hinaus aufs Meer. Eine in üppigem Grün gehaltene und mit afrikanischen Holzfiguren dekorierte Eingangshalle führt in das geräumige Wohnzimmer, dahinter öffnet sich die Terrasse zum Pazifischen Ozean hin.

Hier liest sie die Drehbücher, die ihr angeboten werden. Hier spannt sie nach anstrengenden Tourneen aus, stellt Video-Clips fertig oder absolviert mit eiserner Disziplin ihr Fitneßprogramm. Hier lebt sie mit ihrem Lebensgefährten René Eliziando. »Ich habe René das erstemal bei einem gemeinsamen Freund getroffen«, erinnert sie sich. »Damals war ich noch mit James verheiratet. Wir haben uns sehr gut unterhalten. Mehr war da wirklich nicht, denn ich wollte James mit seinen Problemen nicht alleine lassen. Aber die Ehe ging kaputt, wir wurden geschieden, und irgendwann merkte ich: ›Hey, ich bin in René verliebt, meinen besten Freund. – Was ist nur los mit mir?‹ Ich war froh, daß es René genauso erging. Trotzdem: Nach dem ersten Kuß hatte ich ein schlechtes Gewissen.« Das dürfte sich inzwischen ja wohl gelegt haben.

Die beiden gelten für viele ihrer Freunde als das perfekte Paar: Sie sind beinahe gleich groß (klein?), sie leben zusammen, sie arbeiten zusammen und – was vielleicht noch wichtiger ist – René scheint sich nicht daran zu stoßen, daß er gegenüber seiner Partnerin immer ein wenig im Hintergrund steht. Nur in einem Punkt würde sich Janet ihren Freund eine Spur fordernder wünschen – und dabei outet sie sich überraschenderweise als ziemlich alt-

Janet und ihr Lebensgefährte René Eliziando.

modisches Mädchen: »Ich würde René sehr gerne heiraten, aber er hat mich noch nicht gefragt!« Doch seit einiger Zeit halten sich hartnäckig Gerüchte, daß die beiden trotz regelmäßiger Dementis inzwischen schon verheiratet sind. Bekannte wollen die Heiratsurkunde gesehen haben.

Hauptsache ist aber, die beiden bleiben sich treu. Vor allem Janet kommt darüber zu schnell ins Grübeln – und sie gibt zu, daß das ihre große Schwäche ist: »Ich bin furchtbar eifersüchtig. Ich gebe mir Mühe, es zu verbergen. Aber eifersüchtig zu sein heißt auch, jemandem zu zeigen, wie sehr man ihn liebt.« Noch eine Schwäche? Aber sicher: »Ich esse viel zu gerne, am liebsten Karottenkuchen. Früher habe ich mich jeden Tag gewogen, aber diese Zeiten sind vorbei. Es hat mich frustriert, daß ich täglich Gewichtsschwankungen von bis zu zwei Kilo hatte. Also habe ich die Waage aus dem Haus verbannt.«

René und Janet teilen sich das schöne Haus mit dem wuscheligen Mischlingshund Puffy. Apropos Tiere ... Ähnlich wie ihr Bruder Michael ist auch Janet so ziemlich in alles vernarrt, was vier Beine hat. Davon können auch ihre Tour-Mitarbeiter ein Lied singen: Wenn sie irgendwo auf der Welt für Konzerte unterwegs und deshalb wochenlang von ihren Tieren getrennt ist, ruft sie angeblich regelmäßig zu Hause an, um sich von der Haushälterin ihre Hunde an den Telefonhörer holen zu lassen. Auch Delphine haben es Janet offenbar angetan. Als sie im Februar 1995 während ihrer Australientournee Zeit für einen Ausflug in den Wasserpark »Seaworld« in Brisbane hatte, spielte sie dort ganz begeistert mit einigen Delphinen und fütterte sie. Und der Auftritt des schwarzen Panthers während der »Rhythm Nation World Tour« 1990 bleibt ohnehin unvergessen ...

Als weltfremde Einzelgängerin will sich Janet nicht abstempeln lassen. Denn auch wenn es in ihrem Fall ein wenig umständlicher ist: ganz verzichten will sie aufs Ausgehen auf keinen Fall. »Die Leute glauben, daß ich keinen Kontakt zur Außenwelt hätte«, beklagte sie sich einmal. »Sie behaupten, daß ich nicht gern ausginge oder mich nicht gern unter die Leute mischte. Das stimmt überhaupt nicht. Ich gehe gerne aus. Ich genieße es, mit meinen Freunden zusammenzusein und mich mit ihnen zu amüsieren. Wir sind alle verrückt nach Mickymaus. Alle zwei Wochen fahren wir ins Disneyland und verbringen dort eine wunderschöne Zeit. Das gefällt mir sehr.«

Pläne und Einsichten

Janet lebt nach einem schlichten, aber ziemlich kühnen Wahlspruch. »Träume«, sagt sie, »Träume werden wirklich wahr. Doch man kann nicht rumsitzen und drauf warten, daß es passiert. Man muß schon selbst dafür sorgen.« Oder man kann es auch seinlassen, wenn einem die Anstrengung letztlich nicht der Mühe wert scheint. So erging es Janet, als sie die möglichen Konsequenzen ihres Traumberufs mal zu Ende dachte. Denn als Kind wollte sie eigentlich Jockey werden und auf dem Rücken eines Pferdes Grand-Prix-Rennen gewinnen. Mit ihren 1,61 Metern Körpergröße hätte sich Janet auch tatsächlich ganz gut geeignet. Nur hatte die Sache einen Haken, der der praktisch veranlagten Janet gar nicht in den Kram paßte: »Das einzige, was bei mir nicht stimmt, ist das Gewicht. Die Jockeys sind so schlank, und sie müssen ständig Diät halten ...«

Na gut – Popstar ist als Ersatzberuf ja auch nicht schlecht. Nun hat sie mehr als 30 Millionen Platten verkauft, sie gilt als eine der erfolgreichsten Sängerinnen aller Zeiten – und dürfte sich eigentlich genüßlich zurücklehnen und auf ihren Lorbeeren ausruhen. Doch daraus könne wohl nichts werden, winkte Janet in einem Interview ab: »Ich bin sehr ehrgeizig. Für die Zukunft habe ich mir vorgenommen, eigene Filme zu produzieren und klassisches Theater zu spielen. Mein größter Traum ist es, ein Haus mit Vergnügungspark für Heimkinder zu bauen. Und ich habe noch ein Ziel: Ich will mehr Platten als mein Bruder Michael verkaufen. Und ich habe einen Vorteil den anderen gegenüber: Weil ich Michaels kleine Schwester bin, kann ich das auch als einzige so ehrlich aussprechen, denn mir nimmt er es nicht übel. Im Gegenteil: Michael sagt mir immer, wie stolz er auf mich ist. Ein tolles Gefühl, so ein

Ihr neuer Look? Für »Scream«, Janets erstes Duett mit Bruder Michael, gab sie ihrem Schmuse-Image den Laufpaß und stylte sich wild und aggressiv.

Kompliment von seinem älteren und so erfolgreichen Bruder zu hören.«

Der Kontakt mit den anderen Familienmitgliedern ist allerdings längst nicht mehr so eng, wie es Janet gerne hätte. Früher einmal hatten die Jackson-Kids geplant, mit einem gemeinsamen Konzert eine Art Familienfestival zu veranstalten – doch das Projekt platzte bald wie eine Seifenblase. Heute ist die einstige Großfamilie die meiste Zeit über in alle Himmelsrichtungen verstreut. »Treffen«, bedauert Janet, »sind seltener geworden, weil immer irgend jemand fehlt. Aber ich bin ohnehin der Meinung, daß es wichtiger ist, sich in schwierigen Zeiten beizustehen, als sich zum Plausch zu treffen.«

Und so lebt Janet auch weiterhin in ihrer Kleinstfamilie – mit René und Puffy. Und tüftelt an weiteren Plänen. Zum Beispiel an dem, jungen Talenten mit einer eigenen Plattenfirma den Einstieg ins Musikgeschäft zu ermöglichen. Janet: »Ich möchte meine eigene Plattenfirma gründen, um den Nachwuchs zu fördern. Talent allein reicht nicht, denn es gibt zu viele Gauner in diesem Geschäft ...«

Das Geld für eine Plattenfirma hätte sie schon auf der hohen Kante: Auf mehr als 100 Millionen Dollar wurde ihr Privatvermögen bereits vor einigen Jahren taxiert. Und zuletzt hat sie mit dem exzellenten Sampler »Design Of A Decade – 1986/1996« nicht nur eine hörenswerte Zwischenbilanz ihrer Karriere gezogen, sondern auch gleich noch ihr Portemonnaie kräftig gefüllt.

Janets Fans müssen sich also keine Sorgen machen, wenn sie in älteren Interviews mit Janet Jackson auf die düstere Aussage stoßen: »Bevor ich arm werde, würde ich mich lieber umbringen. Ich könnte es nicht ertragen, von anderen abhängig zu sein oder keinen Luxus mehr zu haben.« Inzwischen hat sie diese Meinung bereits relativiert und beschwichtigt: »Geld ist nicht das Wichtigste im Leben. Viele Leute denken, Entertainer wie ich verdienen zuviel Geld. Dabei verdienen die Plattenfirmen locker das Fünffache mit uns!« Mit 100 Millionen Dollar auf dem Konto fällt es eben einfach ein bißchen leichter, entspannt über finanzielle Dinge zu reden.

Zumal sie zu diesem Thema in Zukunft etwas weniger mit nervtötenden Fragen gelöchert werden dürfte. Seit sie im Januar 1996 mit ihrer Plattenfirma verhandelt und sich die kommenden Veröffentlichungen mit einem neuen, deutlich höher dotierten Vertrag hatte versüßen lassen, war Janet Jackson Rekordhalterin der Musikbranche: Niemand, so wurde gemeldet, hatte jemals mehr Geld für bevorstehende Musikproduktionen herausgeschlagen.

Es geisterten sehr unterschiedliche Summen durch die Gerüchteküche – mal war die Rede von 114 Millionen Dollar, dann mußte sich Janet wiederum mit »nur« 70 Millionen begnügen. Außerdem hatte ihr Bruder Michael zuvor einen Vertrag über angeblich sogar eine Milliarde Dollar (!) abgeschlossen – doch dieser (offiziell nicht bestätigte) Betrag, so hieß es, enthalte auch die Produktionskosten für Filmprojekte von »Jacko« und andere »Nebengeräusche«. Die Vorauszahlungen für die Platten Michael Jacksons lägen jedenfalls unter der Summe, die Janet Jackson erzielte.

Wie auch immer: Nun ist Ruhe. Denn Ende August 1996 meldete die amerikanische Presseagentur »associated press«, daß die US-Rockband R.E.M. soeben den höchstdotierten Plattenvertrag abgeschlossen und damit auch Janet Jackson überflügelt habe. Die Band aus Athens im US-Bundesstaat Georgia ließ sich von ihrer Plattenfirma den Meldungen zufolge rund 80 Millionen Dollar Mindestgage für die nächsten fünf Alben garantieren.

Mit dem Gedanken an ein baldiges Ende der Karriere muß sich Janet noch nicht herumplagen. Obwohl es schon ein paar Dinge gibt, für die sie den Job als Musikerin an den Nagel hängen würde – freiwillig oder gezwungenermaßen. »Für die Liebe«, schwärmte Janet 1994, »würde ich schon manches aufgeben. Allerdings müßte das schon eine sehr ernste Angelegenheit sein. Wenn ich irgendwann heirate – und selbstverständlich will ich Kinder –, könnte ich mir vorstellen, mich eine gewisse Zeit von der Bühne und der Show zurückzuziehen.«

Und natürlich könnte ein Schicksalsschlag ihrer Karriere ein abruptes Ende bereiten. Als das Thema 1995 in einem Interview mit der Zeitschrift »Max« zur Sprache kam, wurde Janet plötzlich sehr nachdenklich, wirkte beinahe grüblerisch. »Darüber«, meinte sie, »denke ich oft nach. Was wäre, wenn … Gerade in den letzten Tagen, als ein Freund im Krankenhaus lag. Man muß das Schicksal so akzeptieren, wie es einen trifft. Aber mir ist klargeworden, daß Gesundheit an oberster Stelle steht und alles andere nur zweitrangig ist.«

Wenn sie das weiß, hat sie schon viel gelernt.

Thirty Years of Magic

Janet Jacksons Leben und Karriere im Schnelldurchlauf

1966

Janet Jackson wird am 16. Mai als neuntes und jüngstes Kind von Katherine und Joe Jackson in Gary im US-Bundesstaat Indiana geboren.

1973

Als siebenjährige Göre tritt Janet zum erstenmal öffentlich auf. Sie ist Überraschungsgast ihres Bruders Michael Jackson, der im MGM Grand Hotel in Las Vegas ein Konzert gibt.

1977

Die elfjährige Janet gibt im September ihr Fernsehdebüt: In der Seifenoper »Good Times« tritt sie als Penny Gordon Woods auf und macht ihre Sache so gut, daß ihr weitere Rollen angeboten werden.

1982

Im November wird ihr Debütalbum »Janet Jackson« veröffentlicht. Zum Erscheinen der Platte tritt die 16jährige an High Schools auf und ermuntert ihre Altersgenossen, bis zum Schulabschluß durchzuhalten, um später bessere Chancen im Berufsleben zu haben.

1983

Im Januar steht Janet zum erstenmal in den amerikanischen Single-Charts: »Young Love« erreicht Platz 64.

1984

Im August reißt Janet von zu Hause aus und schlägt sich gemeinsam mit ihrem Freund James DeBarge bis nach Michigan durch. Bald darauf geben die beiden »Flüchtlinge« bekannt, daß sie geheiratet haben.

Im November erscheint Janets zweite Langspielplatte. »Dream Street« wurde unter anderem zusammen mit Giorgio Moroder produziert und enthält ein Duett von Janet und Cliff Richard.

1985

Im Frühsommer wird die Ehe zwischen Janet und James DeBarge für ungültig erklärt. Janet kehrt nach Kalifornien zu ihrer Familie zurück.

1986

Im Januar erscheint das dritte Album von Janet, »Control«. Diese Platte ist die erste, die vom späteren Erfolgsteam Jimmy Jam, Terry Lewis und Janet Jackson produziert wurde.

Im März hat Janet gleich mehrfach Grund zum Feiern: Ihre Werbetour durch 13 amerikanische Städte beschert ihr umjubelte Auftritte quer durch die Vereinigten Staaten – und mit der Single »What Have You Done For Me Lately« steht sie erstmals auf Platz eins der amerikanischen Rhythm & Blues-Charts.

Im Juli steht ihr Album »Control« auf Platz eins der US-Hitparade. Wenig später wird Janet für die glänzenden Verkaufserfolge mit der LP ein Schallplattenpreis in Platin verliehen.

Am Ende dieses Jahres hat Janet allen Grund, eine positive Bilanz ihres bisher erfolgreichsten Jahres im Musikgeschäft zu ziehen. Eine ganze Reihe von Janet-

Was soll uns dieses T-Shirt sagen ...?

Jackson-Singles erreichte obere Regionen in den amerikanischen Hitparaden, und auch in den internationalen Charts ist Janet zum Stammgast geworden. Außerdem sahnt sie auch in einer Jahresbestenliste des amerikanischen Musikbranchenblatts »Billboard« groß ab: Gleich in sechs Kategorien wird Janet Jackson auf dem ersten Platz geführt.

1987

Am 26. Januar nimmt Janet die nächste Stufe auf der Karriereleiter: Für die diesjährige Verleihung der begehrten American Music Awards (AMA) wurde sie gleich neunmal nominiert. Während der AMA-Gala im Shrine Auditorium erhält sie schließlich zwei Preise für die beste Rhythm & Blues-Single (»Nasty«) und als bester weiblicher Rhythm & Blues-Künstler in der Sparte Video.

Bei der Grammy-Verleihung im Februar geht Janet zwar leer aus, doch sie hinterläßt als Stargast des Abends einen glänzenden Eindruck – sie singt ihren Dancepop-Hit »What Have You Done For Me Lately«.

Im September heimst das Video zur Single »Nasty« einen Preis ein: Janets Choreographin (und spätere Kollegin) Paula Abdul erhält für ihre Mitarbeit einen MTV Video Award.

1988

Janet zieht sich mit Terry Lewis und Jimmy Jam in deren Studio in Minneapolis zurück, um am Nachfolge-Album für »Control« zu arbeiten.

1989

Im Herbst erscheint mit der Single »Miss You Much«

der erste Vorgeschmack auf das neue Album. Die Platte erreicht im Handumdrehen Platz eins in den USA und beweist auch international ihre Hit-Qualitäten. Wenig später erscheint das Album selbst: »Rhythm Nation 1814« erreicht in der vierten Woche nach Veröffentlichung Platz eins in Amerika und hält sich dort vier Wochen lang.

1990

Im März geht Janet zum erstenmal auf Welttournee. Der Startschuß fällt am 1. März in der Miami Arena.

Im April wird sie im Ritz Carlton in Dearborn/Michigan von US-Präsident George Bush empfangen. In Los Angeles findet Ende des Monats eine »Janet-Jackson-Woche« statt, an deren erstem Tag die Sängerin mit einem Stern auf dem berühmten »Walk of Fame« verewigt wird.

Zwei Konzerttermine in St. Louis im August sagt sie ab, weil sie wegen einer Mittelohrentzündung im Krankenhaus behandelt werden muß.

Im September überreicht Janet der Hilfsorganisation »United Negro College Fund« in New York einen Spendenscheck über etwa eine halbe Million Dollar.

Ab dem 21. Oktober tritt sie im Rahmen ihrer umjubelten Europatournee an mehreren Abenden hintereinander im ausverkauften Londoner Wembley-Stadion auf.

Ende November braucht sie fast Hilfe, um alle Auszeichnungen mit nach Hause nehmen zu können, die ihr bei der »Music Awards Show« der Zeitschrift »Billboard« in Santa Monica verliehen wurden: Gleich in acht verschiedenen Rubriken landet Janet auf Platz eins.

1991

Im Januar schreibt Janet Popgeschichte: Durch den Erfolg ihrer Single »Love Will Never Do (Without You)« – einer Auskopplung aus dem Hit-Album »Rhythm Nation 1814« – schafft es die Sängerin als bisher einziger Künstler, mit sieben Singles aus einer einzigen Langspielplatte in die amerikanischen Top Five gekommen zu sein.

Schon im März kann sie diesen Rekord kräftig versilbern: Mit der Plattenfirma Virgin schließt sie einen neuen Vertrag ab, der sie zur höchstdotierten Sängerin der Popgeschichte macht. Die Rede ist von einer Summe um die 50 Millionen Dollar.

1993

»This Time«, einen Song ihrer neuen CD »janet.«, singt sie mit Operndiva Kathleen Battle im Duett.

1994

In Salt Lake City bricht Janet im März auf offener Bühne zusammen und wird sofort ins Krankenhaus eingeliefert – Lungeninfektion. Die Folge: 14 Tage Tourneepause.

Am 8. November kommt Janet Jacksons Kinodebüt »Poetic Justice«, für den sich kein deutscher Filmverleih gefunden hatte, als Kaufvideo in den Handel.

1995

Im März besucht sie für einige Konzerte Deutschland. In der TV-Show »Wetten, daß ...?« tritt sie als Stargast auf.

1996

Im Januar wird bekannt, daß Janet einen neuen Plattenvertrag abgeschlossen und sich darin angeblich eine Garantiesumme von 70 Millionen Dollar gesichert hat. Da-

mit ist sie bis Ende August die bestbezahlte Musikerin weltweit – als die US-Rockband R.E.M. mit ihrem neuen Kontrakt die Rekordsumme um die zehn Millionen überbietet.

Der Sampler »Design Of A Decade – 1986/1996« erscheint als hörenswerte Zwischenbilanz von Janets Karriere.

Zu ihrem 30. Geburtstag am 16. Mai macht sie sich selbst ein ausgefallenes Geschenk: Sie läßt sich gemeinsam mit zwei Freundinnen die Zunge piercen.

Anhang

Die Alben

Janet Jackson
(Polydor, 1982)

Say You Do / You'll Never Find / Young Love / Love And My Best Friend / Don't Mess Up This Good Thing / Forever Yours / The Magic Is Working / Come Give Your Love To Me.

Dream Street
(Polydor, 1984)

Don't Stand Another Chance / Two To The Power Of Love / Pretty Boy / Dream Street / Communication / Fast Girls / Hold Back The Tears / All My Love To You / If It Takes All Night.

Control
(Polydor, 1986)

Control / Nasty / What Have You Done For Me Lately / You Can Be Mine / The Pleasure Principle / When I Think Of You / He Doesn't Know I'm Alive / Let's Wait Awhile / Funny How Time Flies (When You're Having Fun).

Control – The Remixes
(Polydor, 1987)

Control (Video-Mix) – Soundtrack To The Video Of Control / (Extended) Nasty – Cool Summer Mix (Part 1) / What

Have You Done For Me Lately (Extended Mix) / When I Think Of You (Extra Beats) / When I Think Of You (Dance Remix) / Control (A Cappella) / Let's Wait Awhile (Remix).

Rhythm Nation 1814
(Polydor, 1989)

Interlude: Pledge / Rhythm Nation / State Of The World / The Knowledge / Miss You Much / Love Will Never Do (Without You) / Livin' In A World / They Didn't Make / Alright / Escapade / Black Cat / Lonely / Come Back To Me / Someday Is Tonight / Interlude: Livin' … In Complete Darkness.

»*Produktionsmäßig fährt Michaels Schwesterchen schwerstes Geschütz auf: In ihrer Rhythmus-Nation herrschen die Soundmeister Jimmy Jam und Terry Lewis mit donnernden Stakkato-Samples und allerlei gelackten und vertrackten Klangtricks.*«
»Audio«, November 1989

janet.
(Virgin, 1993)

Morning / That's The Way Love Goes / You Know … / You Want This / Be A Good Boy … / If / Back / This Time / Go On Miss Janet / Throb / What'll I Do / The Lounge / Funky Big Band / Racism / New Agenda / Love Pt. 2 / Because Of Love / Wind / Again / Another Lover / Where Are You Now / Hold On Baby / The Body That Loves You / Rain / Any Time, Any Place / Are You Still Up / Sweet Dreams.

»*Janet fand endgültig ihren eigenen tiefschwarzen Funk/Hip-Hop-Stil. Hammerhits wie »If« lassen Bruder Jacko blaß aussehen.*«
»Bravo«, 17. Juni 1993

Remixed
(Virgin, 1995)

That's The Way Love Goes (CJ FXTC Club Mix) / If (Brothers In Rhythm House Mix) / Because Of Love (Frankie & David Treat Mix) / And On And On / Throb (Morales Badyard

Club) / You Want This (E-Smoove's House Anthem) / Any Time, Any Place (CJ's 12" Mix) / Where Are You Now (Nellee Hooper Mix) / 70's Love Groove / What'll You Do (Dave Navarro Mix) / Any Time, Any Place (R. Kelly Mix).

Design Of A Decade – 1986/1996 –
The Best Of Janet Jackson
(Polydor, 1996)

What Have You Done For Me Lately / Nasty / When I Think Of You / Control / Let's Wait Awhile / The Pleasure Principle / Miss You Much / Rhythm Nation / Escapade / Alright / Come Back To Me / Black Cat / Love Will Never Do (Without You) / That's The Way Love Goes / Whoops Now / Runaway / The Best Things In Life Are Free / Twenty Foreplay.

»1986 *ging Michael Jacksons kleine Schwester mit dem Album ›Control‹ an den Start. Ihrem erklärten Ziel, den genialen Bruder in puncto Erfolg einzuholen, kam sie inzwischen schon recht nahe. Man darf auf die nächsten zehn Jahre gespannt sein.*«
»Bravo«, 19. Oktober 1995 (CD der Woche)

Der Video-Tip!

»Design Of A Decade – 1986/1996«
(1995, Polygram Video)

Mit Hits wie »Nasty«, »Control«, »Escapade«, »Black Cat«, »That's The Way Love Goes« und »Whoops Now«, mit den besten Video-Clips, Reportage-Szenen, Hintergrund-Infos und kurzen Interviews zieht Janet auf diesem Video eine sehenswerte Zwischenbilanz ihrer eindrucksvollen Karriere.

Weitere Janet-Videos ...

... »Control: The Videos, Part I & II«
(1987, Polygram Video)

Auf zwei Videokassetten präsentiert Janet Hits wie den Titelsong »Control«, »Nasty«, »What Have You Done For Me Lately« oder »The Pleasure Principle«, zeigt die offiziellen Clips und gewährt Blicke hinter die Kulissen.

... »Rhythm Nation 1814: The Videos, Part I & II«
(1989, Polygram Video)

Ebenfalls als Zweiteiler konzipiert ist dieses Video zur Lage der (Rhythm) Nation: »Escapade«, »Black Cat«, »Rhythm Nation« und »State Of The World« sind einige der gezeigten Hits – doch der größte Triumph der beiden gelungenen Kassetten ist eine glänzend aufgelegte Janet.

Janet Jackson im Film

»Poetic Justice«

USA 1993. 88 Minuten. Regie: John Singleton. Darsteller: Janet Jackson, Tupac Shakur, Tyra Ferrell, Regina King, Joe Torry, Q-Tip, Tone Loc.

Janet spielt die Friseuse Justice, deren Freund von einer Großstadt-Gang brutal ermordet wird. Um mit der Realität fertig zu werden, schreibt sie gefühlvolle Gedichte. Und schließlich, als sie sich mit einer Freundin auf den Weg aus der Millionenstadt macht, verliebt sie sich wieder neu. »Poetic Justice« kam in Deutschland nie in die Kinos, erschien aber im November 1994 auf Video (Columbia Tristar Home Video).

Familie Jackson auf CD

Jackson 5

1970: »Diana Ross Presents The Jackson 5«
1970: »ABC«

The Jacksons

1978: Destiny
1981: Live
1984: Victory

Jackie Jackson

1973: Jackie Jackson

Jermaine Jackson

1980: Let's Get Serious
1984: Dynamite
1986: Precious Moments

LaToya Jackson

1980: LaToya Jackson

Marlon Jackson

1987: Baby Tonight

Michael Jackson

1972: Ben
1979: Off The Wall
1982: Thriller
1987: Bad
1991: Dangerous
1995: HIStory – Past, Present and Future – Book 1

Rebbie Jackson

1986: Reaction

3T

1996: Brotherhood

Bildnachweis

action press 5, 93, 97, 135
action press / all action 125
bold Bilderdienst / Göttlicher 50
bold Bilderdienst / Pop-Eye / Weihs 48
dpa / Inter Contact 61
dpa / epa 101, 109
dpa / M. Noecker 13
Fotex / Target 8, 129
inter-TOPICS / Galella 131
inter-TOPICS / Shooting Star 19, 23
JAT 65, 83
Pandis / Araldo di Crollalanza 55
Pandis / Kent 39
Pandis / Sygma 62, 115
Pandis / Trapper – Sygma 81
Photo Selection / Nick Elgar 89
Photo Selection / Steve Granitz / Retna Ltd. 121
Photo Selection / Kevin Mazur 144
s.e.t. 32, 69, 91
teutopress 107

Zitatnachweis

S. 14 1.–2. Zitat: Der Spiegel, 19/94; **S. 15:** vip »Michael Jackson«, Berlin 1992; **S. 18:** Der Spiegel, 19/94; **S. 22:** Der Spiegel, 19/94; **S. 30:** Max, 6/93; **S. 31** 1.–2. Zitat: Esquire, 1/88 – 3. Zitat: Der Spiegel, 19/94 – 4. Zitat: ME/Sounds, 6/93; **S. 32/33:** Pop/Rocky, 17/88; **S. 34:** Der Spiegel, 19/94; **S. 37** 1.–2. Zitat: Der Spiegel, 19/94; **S. 41:** US, 4.6.84; **S. 42:** CD-Booklet »Design Of A Decade 1986/1996«, 10/95; **S. 50** 1.–2. Zitat: Pop Rocky, 24.4.96; **S. 52** 1. Zitat: Der Spiegel, 19/94 – 2. Zitat: Schweizer Illustrierte, 8.10.90; **S. 53** 1.–2. Zitat: Der Spiegel, 19/94; **S. 56** 1.–3. Zitat: CD-Booklet »Design Of A Decade 1986/1996«, 10/95; **S. 57:** Der Spiegel, 19/94; **S. 58:** Presseinfo Polydor, 10/86; **S. 60:** Max, 6/93; **S. 61** 1. Zitat: Max, 6/93 –

2. Zitat: Der Spiegel, 19/94; **S. 63:** 1.–2. Zitat: CD-Booklet »Design Of A Decade 1986/1996«, 10/95; **S. 64** 1.–3. Zitat: CD-Booklet »Design Of A Decade 1986/1996«, 10/95; **S. 65/66:** CD-Booklet »Design Of A Decade 1986/1996«, 10/95; **S. 66:** CD-Booklet »Design Of A Decade 1986/1996«, 10/95; **S. 67/68:** Prinz, 12/89; **S. 72:** Fachblatt, 1/91; **S.74** 1.–2. Zitat: ME/Sounds, 9/91; **S. 75** 1.–3. Zitat: ME/Sounds, 9/91; **S. 80** 1. Zitat: Prinz, 12/89 – 2. Zitat: Super Pop, 3/91; **S. 82** 1. Zitat: Max, 6/93 – 2.–3. Zitat: Max, 11/95 – 4. Zitat: Bravo, 24.6.93 – 5. Zitat: Max, 11/95; **S. 83/84:** ME/Sounds, 6/93; **S. 84** 1. Zitat: The Face, 2/90 – 2.–3. Zitat: Der Spiegel, 19/94; **S. 86** 1.–2. Zitat: CD-Booklet »Design Of A Decade 1986/1996«, 10/95; **S. 90:** Schweizer Illustrierte, 8.10.90; **S. 96** 1.–2. Zitat: Max, 11/95; **S. 98:** Max, 11/95; **S. 100:** US, 4.6.84; **S. 102:** US, 4.6.84; **S. 104** 1. Zitat: Der Spiegel, 19/94 – 2. Zitat: Pop/Rocky, 17/88 – 3. Zitat: US, 4.6.84; **S. 105** 1. Zitat: US, 4.6.84 – 2. Zitat: Max, 6/93 – 3.–4. Zitat: Max, 11/95; **S. 106:** US, 4.6.84; **S. 107:** Max, 11/95; **S. 108:** Virgin, 6/93; **S. 111** 1. Zitat: Bravo, 3.6.93 – 2. Zitat: Virgin, 6/93; **S. 111/112:** Bunte, 9.9.93; **S. 113** 1. Zitat: Der Spiegel, 19/94 – 2. Zitat: Max, 6/93; **S. 119:** Presseinfo »Poetic Justice« US-Version; **S. 120** 1.–2. Zitat: Presseinfo »Poetic Justice« US-Version; **S. 122:** Presseinfo-Info auf Cover-Rückseite/Video; **S. 123:** PR-Interview: Virgin, 1993; **S. 126:** PR-Interview: Virgin, 1993; **S. 127** 1. Zitat: Bravo, 3.6.93 – 2. Zitat: Max, 11/95 – 3. Zitat: Abendzeitung München, 27.6.92; **S. 127/128:** Max, 11/95; **S. 128:** Max, 11/95; **S. 130:** Max, 11/95; **S. 132** 1.–3. Zitat: Max, 11/95; **S. 133:** The Face, 2/90; **S. 134** 1. Zitat: Presseinfo A&M, 9/89 – 2. Zitat: The Face, 2/90 – 3. Zitat: Max, 11/95; **S. 136** 1. Zitat: Der Spiegel, 19/94 – 2. Zitat: Max, 6/93 – 3. Zitat: Bravo, 25.11.93; **S. 136/137:** ME/Sounds, 6/93; **S. 138** 1. Zitat: Der Spiegel, 19/94 – 2. Zitat: Max, 11/95.